BUEN
DINERO

BUEN DINERO

AHORRO E INVERSIÓN.
IMPULSE SU
BIENESTAR FINANCIERO.

BLUME

NATHALIE SPENCER

Son muchas las personas que me han ayudado a dar vida a este libro. Deseo mostrarle mi agradecimiento especialmente a Lucy Warburton, de White Lion Publishing, por haber puesto en marcha el proyecto; a Emma Harverson, por editarlo; a Rachel Malig, por la corrección, y a Stuart Tolley, por el diseño. Muchas gracias a todos los que han leído algunas lecciones, capítulos e incluso el libro entero y me han hecho comentarios (todos los errores cometidos aquí son míos); me refiero a, en orden alfabético: Ian Bright, Jason Collins, Emily Daniels, Anne Lanjuin, Jeroen Nieboer, Scott Spencer y Juliette Tobias-Webb. Gracias a mis colegas, presentes y pasados, por las numerosas y variadas discusiones sobre el bienestar económico, y a mi familia y amigos, por su aliento y apoyo. Y, por último, muchas gracias a mi esposo, Scott Spencer. Escribir un libro mientras empezaba un nuevo trabajo, me mudaba de casa y me iba a vivir a otra parte del mundo ha sido difícil; sin él, hubiera sido imposible. NATHALIE SPENCER

BLUME

Título original *Good Money*

Diseño e ilustración Stuart Tolley (Transmission Design)
Traducción Antøn Antøn
Coordinación de la edición en lengua española
Cristina Rodríguez Fischer

Primera edición en lengua española 2019

© 2019 Naturart, S.A. Editado por BLUME
Carrer de les Alberes, 52, 2.°, Vallvidrera
08017 Barcelona
Tel. 93 205 40 00 e-mail: info@blume.net
© 2018 Quarto Publishing plc, Londres
© 2018 del texto Nathalie Spencer

ISBN: 978-84-17492-58-8

Impreso en China

WWW.BLUME.NET

CONTENIDO

INTRODUCCIÓN

El dinero influye en un sinfín de aspectos de nuestra vida. A un nivel básico, es un instrumento necesario que intercambiamos por bienes y servicios que nos ayudan a sobrevivir. Sin embargo, su importancia va mucho más allá. Para bien o para mal, el dinero en una vara de medir que solemos emplear para delimitar el estatus de los demás y, a veces, reafirmar nuestra propia valía. Lo usamos para comprar lo que necesitamos (alimento y refugio) y, qué duda cabe, lo que no necesitamos (automóviles con diamantes incrustados). El dinero permite acceder a objetos o experiencias que nos llenen de gozo; sin embargo, también puede ser una fuente de tensión, estrés y preocupación. Entonces, ¿qué significa entender el dinero?

El bienestar económico gira en torno a llegar a fin de mes, planificar a largo plazo y prepararse para los inevitables contratiempos que surgen a lo largo del camino. Entender el dinero no consiste solo en conocer distintos productos financieros (aunque esto tenga su utilidad); tiene que ver con nuestro comportamiento y las decisiones que tomamos con respecto a cómo gastar, ahorrar y hacer que nuestro dinero trabaje para nosotros. Hay varios aspectos de nuestra psicología humana que influyen en la forma en que gestionamos el dinero, y aprender más sobre la interacción que se da entre estos puede ayudarnos a adoptar mejores decisiones.

Si está pasando apuros, sepa que no está solo. Según recientes investigaciones, son muchas las personas que tienen dificultades económicas. Y con esto no me refiero solo a los casos en que se tienen bajos ingresos: es posible percibir un salario alto y tener dificultades para gestionar correctamente el dinero. Según una estimación, 1 de cada 5 personas en Europa tiene dificultades para pagar el alquiler o la hipoteca cada mes. La mayoría de la gente cuenta con unos ahorros inferiores a la cantidad de tres meses de ingresos ahorrados, y 1 de cada 3 personas no dispone de ningún tipo de ahorro. Eso nos vuelve vulnerables a los imprevistos de la vida (que se nos rompa la caldera, que enfermen nuestros padres, que perdamos el trabajo, etc.). Cuando no se dispone de una cierta holgura económica (lo que se llama *financial slack*), resulta difícil hacer frente a varias prioridades simultáneas.

Claro está que el dinero no lo es todo en la vida. A pesar de esto y de que, sin lugar a dudas, el dinero no garantiza la felicidad, mejorar el bienestar económico conlleva varios beneficios que deben tenerse en cuenta. La acumulación de riqueza nos protege contra cualquier imprevisto desagradable y nos da opciones que, de otra manera, no tendríamos. En ese sentido, el bienestar económico puede resultar en cierto modo autorreafirmante: un bienestar económico bajo puede provocar dificultades, mientras que uno elevado da pie a que haya más oportunidades.

En las siguientes páginas entenderemos por qué nuestro comportamiento ante el dinero no siempre resulta sencillo ni sigue las pautas que establecen los manuales de economía tradicionales. El enfoque de estos suele dar por sentado que la gente tiene grandes capacidades matemáticas, ama las hojas

Mediante una mejor comprensión de la naturaleza humana, podemos mejorar nuestra toma de decisiones personales para, así, evitar los inconvenientes de la fragilidad financiera y avanzar hacia la espiral ascendente del bienestar económico.

de cálculo, delibera sobre cada decisión que toma y tiene una fuerza de voluntad impecable. Lo cierto es que esto no refleja la realidad de la mayoría. Somos humanos, con una psicología humana y una cognición humana. Por lo general nos las arreglamos bien. Sin embargo, hay ocasiones en las que tenemos comportamientos contraproducentes, como cuando ante la sensación de tener que gestionar bien nuestra deuda nos topamos con una sensación igualmente poderosa que nos lleva a eludir saber a cuánto asciende nuestra deuda. En estos casos, aprenderemos algunas tácticas que nos ayudarán a cambiar de rumbo. El objetivo es que, mediante una mejor comprensión de la naturaleza humana, podamos mejorar nuestra toma de decisiones personales para, así, evitar los inconvenientes de la fragilidad económica y avanzar hacia la espiral ascendente del bienestar económico, reconociendo las

perniciosas trampas financieras y desarrollando unas buenas prácticas monetarias.

En el primer capítulo veremos las «formas de ser» ante el dinero, cómo este cambia una situación y por qué estamos sometidos a presiones que nos llevan a luchar por algo mejor —a tener más o que sea más grande—, algo que está muy arraigado en nuestra psicología evolutiva y que se ve reforzado por las normas sociales.

En los capítulos siguientes exploraremos hábitos mentales y comportamientos que nos ponen palos a las ruedas en nuestro camino hacia el bienestar económico. Pasaremos de llegar a duras penas a fin de mes a poder tener un colchón para los inesperados tropezones y a planificar a largo plazo para que tengamos comodidad mañana y más allá de mañana.

En el quinto capítulo veremos enfoques para seguir por el buen camino, así como algunas maneras de gastar teniendo en mente tanto nuestro bienestar económico como el general.

No encontrará en estas páginas una fórmula mágica que le haga rico al instante. Ni consejos personalizados y el análisis de un asesor financiero. Las ideas que aquí se presentan, nacidas de décadas de investigación de la ciencia conductual, se basan en características de la naturaleza humana que explican algunas de nuestras idiosincrasias con el dinero, y pueden ayudarnos a tener una buena relación con él.

CÓMO UTILIZAR ESTE LIBRO

Este libro está organizado en cinco capítulos y veinte lecciones que abordan los temas más actuales sobre la psicología conductual.

En cada lección se presenta un concepto importante,

y se explica cómo aplicar lo aprendido en la vida cotidiana.

A medida que avance por el libro, las HERRAMIENTAS le ayudarán a hacer un seguimiento de lo aprendido hasta el momento.

Las notas de PARA APRENDER MÁS, especialmente seleccionadas, le servirán para profundizar en aquellas cuestiones que más interés le hayan suscitado.

En CONSTRUIR+LLEGAR A SER creemos en el desarrollo de conocimientos que nos ayuden a movernos por el mundo. Dicho esto, sumérjase, bien paso a paso o digiriéndolo todo de una vez: lea como lea este libro, disfrútelo y empiece a pensar.

¿QUÉ SIGNI
GESTIONAR

FICA EL DINERO?

EL DINERO Y NOSOTROS

LECCIONES

Nuestra forma de relacionarnos con el dinero es el producto de valores y experiencias muy personales, así como de los detalles concretos de la situación.

El dinero no es solo un instrumento transaccional que se intercambia por bienes y servicios. La forma de obtenerlo y lo que hacemos con él resulta tan profundamente personal que sería ingenuo creer cualquier otra cosa que no sea la afirmación de que el dinero tiene una importancia que va más allá de la de mantenernos materialmente cómodos. Importa, y mucho.

¿Cómo conseguimos el dinero? Tal vez lo ganemos con un trabajo que nos encante (o que detestemos), o hayamos recibido una herencia de alguien a quien apreciábamos. Es posible que sea el producto de algunas inversiones acertadas, o quizá nos mantenga económicamente otra persona. Lo que decidamos hacer con el dinero que tenemos refleja hasta cierto punto quiénes somos, nuestras expectativas y nuestros valores.

En las primeras lecciones, aprenderemos que nuestra forma de relacionarnos con el dinero es el producto de muchos factores, incluyendo, entre muchos otros, nuestra personalidad, nuestras experiencias pasadas y el simbolismo que le otorgamos. ¿Es la riqueza un vehículo para obtener poder? ¿Autonomía? ¿Capacidad de elección? ¿Incluso amor? Quizá sea todo eso. Al considerar nuestro pasado evolutivo, descubrimos que algunas presiones para acumular y exhibir riqueza pueden surgir de la motivación arraigada de ser deseables como para formar una familia.

Y, aunque no reconozcamos estas presiones exactamente de la misma manera hoy en día, sí que tendemos a creer que hay determinados factores que nos acercarán a la felicidad o que existe un camino particular en la vida que nos permitirá realizarnos. Los investigadores han descubierto que nuestras predicciones en este campo no siempre son exactas —se nos puede dar mal lo de pronosticar, aunque no siempre lo reconocemos—, y eso dificulta saber con certeza a qué aspirar.

Además, nuestra compleja relación con el dinero hace que cuando este se introduce en una situación concreta, modifica su naturaleza, y puede transformar una interacción social en una transacción mercantil con propiedades diferentes, y a veces con consecuencias sorprendentes. Comencemos...

EL DINERO IMPORTA

Conoce la sensación. Esa que se experimenta cuando, de repente, nos damos cuenta de que la persona que tenemos a nuestro lado, a la que creíamos conocer tan bien, es absoluta, total e íntegramente diferente a nosotros al tratar con el dinero. Puede ser un amigo, un pariente e incluso nuestra pareja, pero en ese instante nos da la sensación de que fuera de otro planeta. «¡¿Cuánto dices que te ha costado eso?!», «¿Por qué te preocupas tanto?, ¡vive un poco!», «¿Seguro que puedes permitírtelo?» o incluso «¡Deja de comprarme cosas!».

Al hablar de dinero, hablamos mucho más que de su valor transaccional. Existen un sinfín de «formas de ser» con el dinero: desde hasta qué punto nos produce placer o nos duele gastarlo, hasta su valor simbólico y el significado que le otorgamos o hasta cómo lo manejamos (o no).

Aunque, por ejemplo, los términos *tacaño* y *manirroto* no suenen muy científicos, en realidad aparecen en un corpus de investigación sobre el placer y el dolor que experimentamos al gastar dinero. En 2008, Scott Rick y sus colaboradores de la University of Michigan desarrollaron una escala para medir hasta qué punto le resultaba a la gente demasiado doloroso gastar dinero («tacaños»), no lo suficientemente doloroso («manirrotos») o si se encontraban en un término medio no problemático. Si bien la mayor parte de la muestra del estudio resultó no encontrarlo problemático, 1 de cada 5 se identificaron como tacaños y, aproximadamente, hubo la misma proporción de manirrotos.

Tener tendencia a la tacañería no es exactamente lo mismo que tener hábitos austeros. La austeridad se caracteriza por encontrar placer en el ahorro y la economización, mientras que a los tacaños les resulta doloroso desprenderse del dinero, por lo que a menudo no gastan en algo que, si hubieran reflexionado, les habría gustado tener.

¿Su pareja se encuentra en el otro lado del espectro? Su caso no es el único.

Tal vez como era de esperar, Rick y sus colaboradores descubrieron que estas relaciones mixtas tienden a experimentar más desacuerdos sobre cuestiones económicas. Las parejas tacañas tienden a tener una mejor situación económica que las manirrotas, mientras que las parejas mixtas se encuentran en algún punto intermedio.

Es evidente que esta no es la única categorización de nuestras actitudes hacia el dinero. ¿Qué sucede con el significado?, ¿qué vemos reflejado en lo que nos trae el dinero más allá de los bienes materiales que se pueden adquirir con él? Un grupo de investigadores del Reino Unido encuestó a más de 100 000 personas para preguntarles qué significaba el dinero para ellas. Para algunas representaba el amor, una forma de mostrar afecto mediante la generosidad material. Para otras, poder, una forma de lograr un estatus u obtener control. Para las demás era *seguridad*, o *autonomía* (da libertad).

En la mayoría de los estudios parece evidente que las actitudes hacia el dinero no guardan una relación directa con los ingresos y el nivel de estudios. Sin embargo, sí parecen vincularse a la probabilidad de experimentar un imprevisto económico, como quedarnos en números rojos, que nos denieguen un crédito o que nos embarguen el automóvil: aquellos que asocian el dinero con el poder tienen más probabilidades que otros de haber experimentado uno de estos acontecimientos, mientras que quienes lo relacionan con la seguridad tienen menos. Es importante señalar que estos estudios solo abordan las relaciones, no la causalidad. Por lo tanto, puede darse el caso de que el haber experimentado alguno de estos acontecimientos influya en nuestra actitud hacia el dinero, y no al revés.

EL CONTEXTO IMPORTA

¿Cómo se relaciona con el dinero? ¿Qué significa este en su caso? ¿Qué rasgos de lo que lleva vivido hasta ahora parecen moldear su relación con el dinero en la actualidad?

Es una buena idea examinar su propio modo de entender el dinero y las decisiones que toma respecto a este. ¿Se siente identificado con algunas de las descripciones de la página anterior? Tal vez le consuele un poco saber que hay personas que también piensan así. Pero no se deje atrapar por las etiquetas: solo porque pueda relacionarse más con A que con B en muchas situaciones, no significa que siempre vaya a hacerlo, y, desde luego, no significa que tenga que seguir haciéndolo.

El contexto moldea el paisaje de nuestras decisiones. El país en el que vive influye en cuánto gaste en atención médica y vivienda y en cuánto ahorre para la jubilación. La cultura y el idioma condicionan, además, los modelos mentales por medio de los cuales damos sentido al mundo. Su trabajo determina sus ingresos. Las experiencias de la infancia pueden sembrar las semillas de actitudes que aparecen en posteriores momentos de la vida y que tal vez surjan en momentos de adversidad.

Vladas Griskevicius y sus colaboradores, por ejemplo, descubrieron que al enfrentarse a épocas de escasez, tales como una recesión, las personas que habían crecido con menos recursos

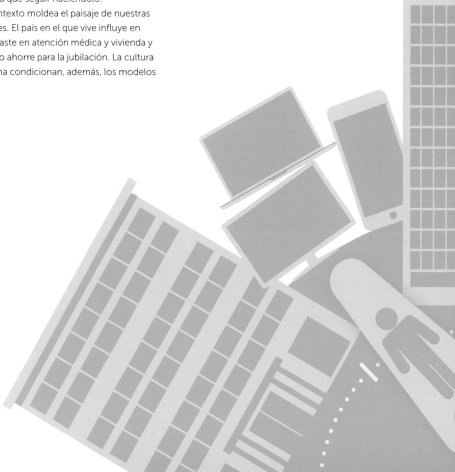

económicos tendían a comportarse con una mayor impulsividad y a preferir las recompensas a corto plazo en lugar de poder recuperarse mejor más adelante, situación que contrasta con la de las personas que habían crecido en un hogar de un nivel socioeconómico más alto. Estas distinciones no parecen darse en épocas de bonanza.

Evidentemente, las experiencias del pasado no son lo único relevante. Como veremos en el resto del libro, nuestro entorno actual ejerce una influencia crucial en nuestras iniciativas económicas al establecer el paisaje de las decisiones. ¿Se acuerda de los tacaños? Al reducir el «dolor por tener que pagar», o *pain of paying* (*véase* la lección 6), pueden ver modificado de un modo sistemático su comportamiento con relación al gasto. Con el simple hecho de resaltar que un precio es bajo al referirse a él como «la módica cantidad de 5 dólares», se aumenta la probabilidad de que un tacaño lo pague, lo que pone de manifiesto la importancia del entorno de decisión respecto al comportamiento.

No existe un único método que explique nuestra relación con el dinero, ya que esta depende de muchos factores. Reflexionar sobre nuestra relación personal con el dinero puede ayudarnos a dar un paso atrás –hacer balance y trabajar para conservar lo que nos guste– y aplicar los ajustes necesarios en los aspectos que deseemos cambiar.

NUESTRO PASADO MÁS REMOTO

Calzado de diseño, los automóviles más elegantes, las joyas más ostentosas... ¿por qué nos resultan tan atractivos?

Imagínese que está a punto de adquirir un automóvil espectacular. Tiene el maletero demasiado pequeño, y los asientos están tan bajos que cuesta entrar. No es nada práctico, eso está claro, pero es que, ¡caramba!, tiene tan buena pinta... ¡Piense en toda la gente que se girará para verlo! Ahora imagine la misma situación pero sin que haya nadie alrededor. Nadie. Solo usted. Como si fuera la última persona de la Tierra. ¿Qué le parecería adquirirlo ese contexto? ¿Qué sentido tendría conducir un automóvil así si nadie va a verlo?

Este experimento mental pone de relieve el hecho de que gran parte de lo que adquirimos no se ve motivado por la utilidad o la belleza que nos reporten, sino por lo que signifique para los demás. Al parecer, la psicología evolutiva que subyace a nuestras necesidades humanas puede explicar gran parte de estos gastos. Investigadores como Doug Kenrick, Vladas Griskevicius, Gad Saad y Geoffrey Miller, entre otros, afirman que la necesidad de cumplir con ciertos objetivos evolutivos puede explicar las tendencias de compra y la atracción que a veces sentimos por gastar. Estos objetivos cruciales son los siguientes: la autoprotección, evitar enfermedades, hacer amigos, ganar estatus dentro de un grupo, tener (y conservar) una relación romántica y cuidar de nuestra descendencia y nuestros parientes. Cuando cualquiera de estos «retos sociales fundamentales», tal y como los llaman a veces, ocupa un lugar de primer orden en la mente, puede ejercer su influencia en nuestro comportamiento con relación al gasto.

Los investigadores diferencian entre «retos sociales fundamentales» e impulsos más cercanos del comportamiento. Ambos resultan esclarecedores.

01. Los impulsos cercanos, o próximos, son explicaciones superficiales de por qué hacemos algo.

02. Los impulsos definitivos esenciales son las razones profundas de nuestras acciones.

Se trata de una distinción importante, porque si nos fijamos solo en las motivaciones cercanas, algunos comportamientos pueden parecer paradójicos hasta que entendemos la motivación definitiva que los impulsa. Si, por ejemplo, nos tienta la compra de un automóvil ostentoso, la motivación cercana puede ser que nos guste el suave interior de cuero, pero la definitiva puede que sea que esta demostración de riqueza tal vez impresione a una potencial pareja.

Claro está que tenemos diferencias individuales —diversas personalidades, capacidades y experiencias—, por lo que no todos responderemos de la misma manera ni en la misma medida a estos retos. Además, no todo el mundo se adhiere a la teoría de los impulsos evolutivos sobre el consumo; hay numerosas críticas al respecto, entre las que destaca la dificultad de su demostración (o refutación). En cualquier caso, es una forma interesante de reflexionar acerca de nuestro (sobre)consumo

LOS IMPULSOS DEFINITIVOS

La idea de exhibir nuestra «aptitud» (que se nos den bien cada uno de los siete retos sociales fundamentales) puede tentarnos a gastar más de lo necesario y a adquirir artículos ostentosos para impresionar a parejas potenciales o a amigos o para sentir que pertenecemos a un grupo en particular. En cierto modo, cuanto más caro y llamativamente exagerado sea el producto, más creíble será la señal para los demás, porque más difícil será de falsear. Y, dado que la ostentación es un concepto relativo, puede llevar a incurrir en más gastos cada vez. Estos impulsos definitivos, claro está, no ejercen su fuerza siempre en la misma dirección. Querer protegerse a uno mismo llevaría a seguir los estándares del comportamiento social (mezclarse con una multitud para beneficiarse de la seguridad que implica una gran cantidad de personas), mientras que atraer a una pareja, implicaría tener que sobresalir de esa multitud. Por lo tanto, al hacer

Los impulsos definitivos, en teoría, influyen en la forma en que empleamos nuestro dinero. Cuando, por ejemplo, la *autoprotección* ocupa un lugar privilegiado en la mente, podemos estar más dispuestos a gastar dinero en alarmas para el hogar, cerraduras y policía (mediante impuestos) para mantenernos seguros. El sonido de una tos cercana puede activar el impulso de *prevención de enfermedades*, fomentar la introversión y evitar lugares concurridos, por lo que podríamos optar por quedarnos en casa en lugar de disfrutar de una costosa noche en la ciudad.

Nicole Mead y sus colaboradores descubrieron que, cuando el que rige es el impulso de *hacer amigos* o *aliados*, la gente está más dispuesta a gastar dinero en productos que demuestren algún tipo de afiliación grupal (como una camiseta de una

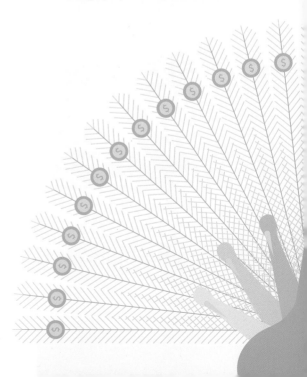

universidad) o que les gusten a otras personas, todo ello con la esperanza de verse incluidos socialmente. El impulso de *ganar estatus* puede ayudarnos a explicar la ambición laboral, así como el consumo ostentoso de bienes de lujo.

Los objetivos de *tener pareja*, *conservarla* y *cuidarla* están vinculados con la transmisión exitosa de nuestros genes a la siguiente generación. Cuando buscamos pareja, queremos ser más atractivos que la competencia, por lo que puede que gastemos dinero para tener un buen aspecto. Una vez que se tiene pareja, el impulso de conservar la relación explica por qué le damos valor a los regalos de aniversario y a otras muestras de afecto. Y finalmente, invertimos tiempo, energía y dinero en asegurar que nuestros familiares tengan las máximas oportunidades de disfrutar de un futuro satisfactorio.

que un objetivo prime sobre otro, los profesionales del *marketing* pueden llevarnos a preferir un determinado bien o servicio (potencialmente más caro), o incluso a comprar distintas variedades de un producto, cada una dirigida a la consecución de uno de los diferentes objetivos evolutivos.

Un poco de introspección podría sernos de utilidad para descubrir algunos de los factores subyacentes que impulsan el gasto. ¿Por qué desea realmente adquirir un producto concreto si tiene en cuenta lo que ahora ya sabe sobre estas teorías? ¿Cuál podría ser el impulso cercano de su adquisición?, ¿y el definitivo? ¿Está intentando poner algo de manifiesto con esta compra?, y, de ser así, ¿qué?

Siendo claros, las respuestas a estas preguntas no tienen por qué concluir que no haga la compra, sino que, sencillamente, después de haber reflexionado sobre ella, tal vez decida que no quiera hacerla o puede que prefiera hacer otra cosa.

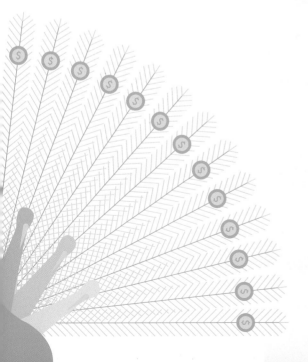

EN LO TOCA
DINERO, EL
DE LA DÉCIS
RELEVANTE.

NTE AL
CONTEXTO
IÓN ES

EL DESEO INAPROPIADO

«Si tuviera una casa más grande, sería más feliz».
Pese a que suena razonable, ¿realmente es
cierto? Por lo general, no se nos da muy bien
predecir cuán felices o infelices nos harán ciertas
circunstancias, y esto es importante, porque tal
vez estemos empleando nuestro dinero de maneras
que no mejoren nuestro bienestar, o que incluso
lo reduzcan.

En términos generales, se nos da bien predecir
cómo nos hará sentir un cambio inminente.
Es decir, que podemos decir que salir una noche
con los amigos nos hará sentir bien, mientras que
si nos dan una patada en la boca, nos sentiremos
mal. Donde fallamos es en la evaluación de la
importancia de los acontecimientos individuales
y en la duración de esos sentimientos futuros.

EL FOCALISMO

**Concentrarse en un acontecimiento individual
impide apreciar que otros aspectos periféricos
de nuestras vidas podrían verse afectados por
el cambio: pueden verse inalterados, o mejorar
o empeorar de una forma que contrarreste los
beneficios o las desventajas del cambio. Es posible
también que solo nos distraigan de los efectos
del acontecimiento individual.**

Tendemos a subestimar además la rapidez con
la que podemos adaptarnos. Solemos hacerlo
muy bien a los cambios circunstanciales, ya
sean estos positivos o negativos. Este hecho se
puso de manifiesto en el célebre estudio que
realizaron en la década de 1970 Philip Brickman
y sus colaboradores, los cuales descubrieron que,
con el paso del tiempo, los ganadores de la lotería
se consideraban tan felices como los que no la
habían ganado. Los investigadores explican que
es probable que la adaptación a una nueva forma
de vida después de un acontecimiento positivo
o negativo se dé porque las actividades diarias
subsiguientes palidecen ante la emoción máxima
del acontecimiento que nos cambia la vida,
y que nos habituamos a lo que se convierte
en nuestra nueva norma (*véase* la lección 17).

EL DESEO INAPROPIADO

Es frecuente comprobar que al experimentar un cambio este no nos gusta o no nos disgusta tanto como pensábamos. Ya que pronosticar se nos da bastante mal, ¿cómo sabemos que aquello que deseamos es la mejor de las opciones? No siempre llegamos a comprenderlo. Tim Wilson y Dan Gilbert, profesores de la University of Virginia y de Harvard, llaman a esto *miswanting* («deseo inapropiado»). Comprar un casa más grande puede parecer una gran idea, pero en esa nueva casa seguirá habiendo facturas que pagar y tendremos los mismos problemas en el trabajo. Lo que en principio era un espacio más grande no tardará en percibirse como un espacio normal y el golpe de felicidad se desvanecerá.

Son muchos los investigadores que tratan de descubrir qué es lo que nos da la felicidad una vez que tenemos lo «suficiente» para cubrir las necesidades básicas. Según la Red de Soluciones para un Desarrollo Sostenible (RSDS) de la ONU, a nivel de país, sí que importan los ingresos, pero también influyen en nuestra satisfacción vital general factores como la salud (la expectativa de vida), tener a alguien con quien contar en épocas difíciles, la generosidad, la libertad y la confianza en las instituciones. En cuanto a los estados de ánimo diarios, lo que nos hace más felices es hacer trayectos más cortos al trabajo, pasar tiempo con amigos, disfrutar de relaciones sexuales con regularidad y tener que reunirnos menos veces con nuestro jefe. En la lección 20 aprenderemos algunas maneras concretas de hacer que su dinero le reporte la mayor felicidad posible.

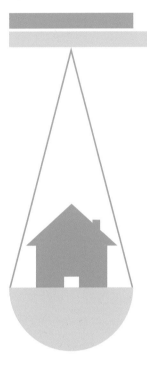

CON TODO LO QUE CONLLEVE

Aunque es difícil predecir con exactitud cómo responderemos a los cambios en nuestra situación, hay maneras de tratar de hacerlo mejor.

El problema de la focalización –en la que enfatizamos demasiado la importancia de un cambio particular en nuestra vida– puede evitarse si tratamos de visualizar el futuro, con todo lo que conlleve. En concreto, esto se hace describiendo todo lo demás que también formaría parte de nuestra vida futura, y no solo el cambio en cuestión. A menudo, los aspectos cotidianos de nuestra vida no se verán alterados: todavía habrá recados que hacer, ropa que lavar, discusiones con los seres queridos, etc.

Este enfoque funcionó cuando Wilson y sus colaboradores pidieron a sus estudiantes aficionados a los deportes que predijeran cómo se sentirían después de que su equipo ganara o perdiera un partido. A la mitad de los aficionados también se les pidió que tomaran notas de lo que probablemente fuesen a hacer el día del partido (estudiar, comer, socializar, etc.). Este grupo, que reconoció los acontecimientos periféricos del día, predijo que los resultados del partido serían menos impactantes de lo que el otro grupo predijo, y tenía razón.

En cuanto a la duración de nuestras respuestas, hay que tener en cuenta que, para bien o para mal, los efectos de un cambio puntual pueden ser efímeros. El hecho de que nos acostumbremos a los cambios en nuestra situación no significa que debamos rendirnos al fatalismo ni pensar que no

Para bien o para mal, los efectos de un cambio puntual pueden ser efímeros, a medida que nos acostumbramos a los cambios en nuestra situación.

tenga sentido intentar que nos asciendan en el trabajo. Pero sí apunta a la necesidad de considerar con meticulosidad qué tipo de vida estamos tratando de construirnos. Se anticipan experiencias, más que bienes materiales, y luego se guardan en la memoria; de este modo, hay menos probabilidades de adaptarse y perder la alegría. Nada puede compararse con la versión recordada de aquella comida especial que nuestra madre preparó hace cinco años o aquellas vacaciones en Italia de la primavera pasada.

¿Qué decir entonces sobre mudarnos de casa? Considere si le compensa tener una casa más grande pero más lejos o poder hacer que el viaje al trabajo sea más corto. Optar por un trayecto más corto debería mejorar la felicidad en sí misma, y, además, el tiempo que se ahorre tal vez pueda utilizarlo para disfrutar de otras actividades sociales que mejoren su estado de ánimo.

Por último, si bien tener más y más dinero no nos hace más felices, no tener el dinero suficiente puede hacernos infelices. Al visualizar y planificar su futuro, es importante que disponga de unos ahorros a los que pueda acceder fácilmente en situaciones inesperadas.

PRECIOS, MULTAS E INCENTIVOS

Imagínese que se dedica a la política y que quiere modificar el comportamiento de los ciudadanos, que empiecen a hacer algo o que dejen de hacerlo. Digamos que, por ejemplo, le gustaría que la gente deje de subirse a los árboles. ¿Qué enfoque adoptaría para intentar lograr que dejaran de hacerlo? Podría pedirlo amablemente, promulgar una prohibición para ilegalizarlo e incluso tratar de educar a la gente: ¡si conocieran los riesgos, seguramente dejarían de trepar a los árboles!

También podría usar el dinero y multar a la gente por subirse a los árboles. Puede que crea que, para conseguir que alguien haga más de algo, hay que recompensarle económicamente, y que, para conseguir que alguien haga menos de algo, lo que hay que hacer es que le resulte más costoso. Y, de hecho, esta actitud funciona en muchas situaciones; sin embargo, el dinero no es la única herramienta, ni la mejor, para motivar ni para influir en la conducta.

Cuando se introduce el dinero en una situación, lo que era una mera interacción social puede transformarse en una transacción mercantil, y a veces con consecuencias sorprendentes. Los científicos conductuales Uri Gneezy y Aldo Rustichini se propusieron abordar la cuestión de la gente que llegaba tarde a la hora de recoger a sus hijos de la guardería. A lo largo de 20 semanas estudiaron los patrones de recogida en 10 guarderías de Haifa, Israel. Durante las primeras semanas, recopilaron datos para conocer la frecuencia de los retrasos, y luego, en algo más de la mitad de los centros, introdujeron una sanción económica: se multaría a los padres y madres cada vez que llegasen tarde.

Sorprendentemente, los investigadores descubrieron que aumentaron las demoras en los centros en los que se multaba. Por lo general, en una interacción social, llegar tarde es un gesto de desconsideración hacia el personal docente, por lo que el costo que pagaban los padres era la culpabilidad y la vergüenza que sentían por violentar la norma social. Pero al introducir la multa, los padres estaban pagando un precio real por su tardanza, lo que los absolvía de experimentar la emoción negativa, y el precio les resultaba lo suficientemente bajo como para que valiera la pena pagarlo a cambio de la flexibilidad extra.

Así que dejaron de multar. Pero la frecuencia de los retrasos ya no volvió a los niveles anteriores al sistema de multas. Tal vez los padres no se sentían ya obligados a cumplir con las sutilezas que se esperan de los intercambios sociales. O tal vez la multa ofreciera a los padres una información nueva: la mínima cuantía de la multa les sirvió de referente para valorar que el precio de la guardería también lo era, mientras que antes los padres no podían estar seguros. Que fuera o no barata no es tan relevante como la interpretación de dicho coste por parte de los padres.

De manera similar, ofrecerle dinero a alguien para que haga algo, sobre todo en casos de actividades con importancia social, puede ser contraproducente. Los economistas llaman a esto «efecto desplazamiento», o *crowding out*: cuando una ventaja económica rebaja los sentimientos de obligación social, deber cívico o disfrute y curiosidad que experimentamos al hacer algo.

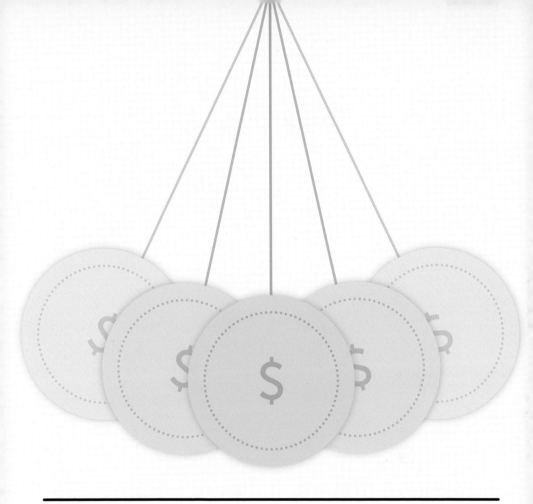

En Suiza, en 1997, un equipo de investigadores quiso medir la disposición de una región respecto a la construcción de una central nuclear en sus inmediaciones. Pese a las evidentes desventajas que se ponían de manifiesto, al hacer una encuesta descubrieron que más de la mitad de la población aprobaba la construcción. Pero cuando a los habitantes se les dijo que se les ofrecería una compensación económica si se construía la central, el índice de aprobación se desplomó a alrededor del 25 %. Algunos interpretaron esta compensación como una señal de peligro; después de todo, si tienen que pagarnos por hacer algo, entonces tal vez sea realmente arriesgado o desagradable. Para otros, la promesa de una compensación económica desplazó el sentido del deber cívico, la sensación de que, aunque la central no era necesariamente bienvenida, suponía lo correcto.

EL PRECIO DE LAS ETIQUETAS DE PRECIO

En lugar de destinarse a la pura optimización de beneficios, cuando una situación se monetiza, la gente responde con otra serie de consideraciones.

La abundante investigación que existe en esta área indica que, junto con estos efectos de desplazamiento y de exhibición, también nos preocupamos por la legitimidad, la reciprocidad y el altruismo. Por ejemplo, según Gneezy y Rustichini, si a la gente se le paga muy poco por una tarea, tal vez la lleve a cabo peor que si no se le pagase nada; el pago convierte la tarea en una transacción mercantil, pero lo bajo del salario hace que se perciba como poco legítima. Además, cuando se da un sobresueldo por sorpresa, la gente tiende a corresponder esforzándose más en la tarea en cuestión, al menos al principio.

Por lo tanto, si bien es innegable que el dinero —en forma de precios, honorarios y bonificaciones— desempeña un papel importante al influir en nosotros, incorporarlo a una situación no siempre garantiza el resultado deseado o esperado. No todo debe tener una etiqueta de precio. Si ponemos precio a cualquier cosa perdemos formas de ser agradables, eficientes o justas.

El ejemplo de la central nuclear demuestra que las recompensas extrínsecas y monetarias pueden ahogar los sentimientos agradables, tales como, por ejemplo, el orgullo de ser un buen ciudadano. Así que hay una razón hedonista para omitir la etiqueta de precio: sin ella, la actividad puede conservar la recompensa intrínseca que supone experimentar una sensación agradable.

El ejemplo de la guardería ilustra que, a veces, la ausencia de conversaciones sobre el dinero da pie a que los acuerdos o la comprensión entre las personas conserven una cierta ambigüedad. Un «contrato incompleto» como este puede beneficiar a ambas partes cuando, por lo general, se trabaja sobre la base de la confianza mutua y la cooperación. En cambio, la imposición de multas por retraso en la recogida de los niños introdujo información que, en este caso, los padres utilizaron en perjuicio de la guardería.

Pero lo más importante es que, cuando todo tiene un precio, nos cuestionamos las implicaciones de su legitimidad. Michael Sandel, profesor de Harvard, ha explorado este tema en profundidad. Desde lo trivial (pagar por saltarse la cola en el aeropuerto) hasta lo profundo (pagar por la atención médica), cada vez son más las cosas que tienen un precio. Dada la situación, los ricos pueden comprar lo que quieren para mejorar su calidad de vida, algo que los pobres no pueden hacer, lo que acentúa aún más la desigualdad.

Por lo tanto, al pensar en cómo trabajamos con colegas, clientes o proveedores, cuidando a la familia y socializando con amigos, ¿no cree que merece la pena reflexionar sobre los incentivos que utiliza con los demás y viceversa? ¿Cuándo queremos que estas interacciones tengan un precio y cuándo no? Aunque se dice que hay que labrarse una profesión a partir de algo que nos guste, considere cómo cambiará su relación con una afición una vez que empiece a cobrar por ella.

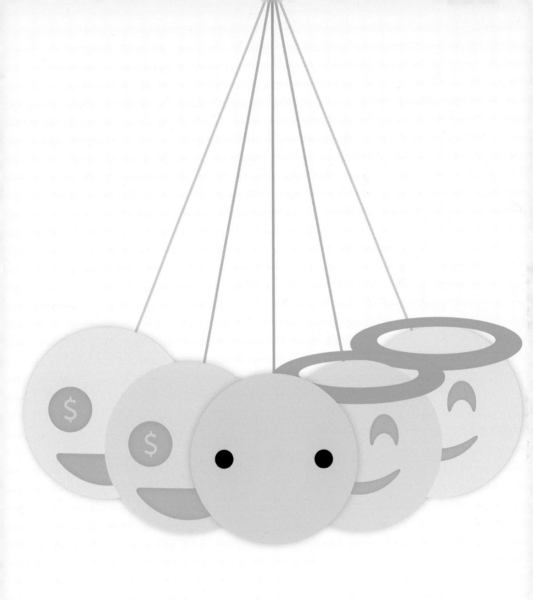

HERRAMIENTAS

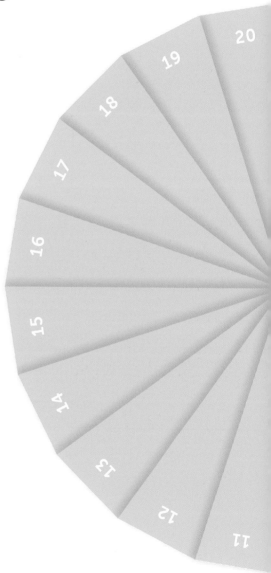

01

Cómo somos con el dinero –cómo nos sentimos, cuán fácil o difícil nos resulta gastarlo, qué simboliza para nosotros– es algo en lo que influyen muchos factores. El contexto es relevante; nuestras experiencias pasadas y nuestro entorno actual configuran nuestras decisiones económicas. Merece la pena reflexionar sobre qué significado le otorgamos al dinero.

02

El deseo de gastar en diferentes artículos está moldeado por nuestro pasado evolutivo así como por ciertos impulsos básicos que nos llevan a intentar impresionar a otras personas, mantener a nuestra familia segura y cuidarnos a nosotros mismos. Este hecho puede manifestarse de formas que pueden resultar desconcertantes: ¿por qué gastar tanto dinero en un Ferrari cuando un Ford cumple la misma función de llevarnos de un sitio a otro? Tener en mente los siete impulsos definitivos de nuestro comportamiento puede ayudar a arrojar luz sobre algunos de nuestros patrones de gasto.

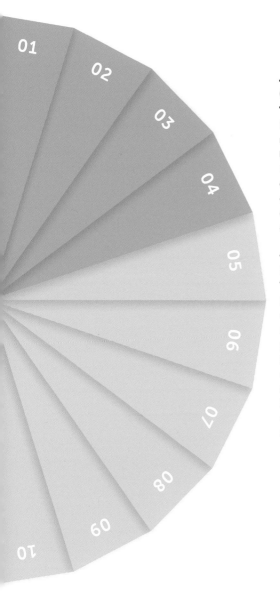

03

Es habitual que no se nos dé muy bien reconocer nuestra resistencia emocional a los cambios de las circunstancias, sean estos positivos o negativos. Por lo tanto, tal vez acabemos experimentando el «deseo inapropiado», o *miswanting*, sobre ciertas cosas y empleando nuestro dinero de formas que no mejoren nuestro bienestar económico, ni el general.

04

El dinero es una herramienta con la que motivar el comportamiento, pero, desde luego, no la única. Cuando se introduce el dinero en una situación, puede cambiar nuestra forma de reacción, haciendo, por ejemplo, que «desplacemos» el sentimiento de obligación social o la agradable sensación de estar haciendo algo moral. Deberíamos preguntarnos en qué casos el ponerle precio a algo le hace algún bien a la sociedad y cuándo no.

PARA
APRENDER MÁS

LECTURAS

The Interdisciplinary Science of Consumption
S. D. Preston, M. L. Kringelbach y B. Knutson (eds.)
(MIT Press, 2014)
Se trata de una colección de artículos que
abordan muchos de los temas de la primera
parte de este libro.

Rational Animal
Doug Kenrick y Vladas Griskevicius
(Cambridge University Press, 2010)

**«When and why incentives (don't) work
to modify behaviour»**
U. Gneezy, S. Meier y P. Rey-Biel,
The Journal of Economic Perspectives,
25(4), págs. 191-209 (2011)

**«Miswanting: Some problems
in the forecasting of future affective states».**
D. Gilbert y T. Wilson en *Thinking and feeling:
The role of affect in social cognition*,
edición de Joseph P. Forgas, págs. 178-197.
(Cambridge: Cambridge University Press, 2000)

AUDIOS

**«Everything you always wanted to know
about money (but were afraid to ask)»**
Podcast de Freakonomics
freakonomics.com/podcast

AUDIOVISUALES

**«Why we shouldn't trust markets
with our civic life»**
Michael Sandel
TED Talk

OTROS MATERIALES

«Tightwads and Spendthrifts»
S. I. Rick, C. E. Cryder y G. Loewenstein en *Journal
of Consumer Research*, 34(6), págs. 767-782 (2008)
Responda a las preguntas del artículo para ver
si entra en la categoría de los tacaños
o de los manirrotos.

BBC Big Money Test
Aprenda más sobre las actitudes con relación
al dinero
bbc.co.uk/guides

EL DINERO
EN EL DÍA A DÍA

LECCIONES

Sacar la cabeza de la tierra es un paso clave para mejorar el bienestar económico.

Un componente vital del bienestar económico es poder llegar a fin de mes. Desde el pago del alquiler o la hipoteca, hasta el de los comestibles, la ropa y el entretenimiento, es importante poder hacer frente a nuestras necesidades diarias.

Un primer paso en esta fase es formarnos una imagen clara de nuestra situación económica. En esta sección aprenderemos por qué puede resultarnos incómodo indagar en nuestros estados de cuenta bancarios para comenzar a comprender en toda su extensión nuestra verdadera situación. Sin embargo, sin esta información, es difícil —cuando no imposible— determinar cuál es la mejor manera de avanzar. Por lo tanto, sacar la cabeza de la tierra es un paso clave para mejorar el bienestar económico.

¿De qué forma influye en nuestro gasto el entorno, la forma en la que pagamos por las cosas y el modo en el que los minoristas nos las venden? Los instrumentos financieros han ido cambiando al mismo ritmo. Ya no dependemos del dinero en efectivo y de los cheques; en la actualidad, la mayoría tenemos acceso a una serie de nuevas tecnologías que nos permiten pagar casi sin enterarnos. Pero ¿qué consecuencias conlleva esta nueva facilidad? Mientras que con el dinero en efectivo teníamos que entregar físicamente billetes y monedas, y, por lo tanto, sentíamos en un plano físico el impacto de cada compra, la comodidad de las nuevas tecnologías elimina parte de ese dolor.

E incluso antes de llegar a la caja, las propias tiendas ya nos tientan a gastar más. Los minoristas —tanto de internet como físicos— utilizan una serie de estrategias de tarificación con objeto de influir en la cantidad que estamos dispuestos a gastar y para convencernos de que saquemos —de la cartera, de nuestra tarjeta de débito, del teléfono móvil o incluso de dispositivos portátiles como puede ser un reloj— el dinero que tanto nos ha costado ganar.

Estos desafíos son solo algunos de los muchos factores que entran en juego en nuestro esfuerzo por cubrir las necesidades básicas y llegar a fin de mes.

EL EFECTO AVESTRUZ

A pesar de lo extendido que está el mito, el avestruz en realidad no entierra la cabeza para evadirse de la dura realidad de la sabana. Meten la cabeza bajo tierra para darles la vuelta y proteger los huevos que ponen dentro de un agujero. Sin embargo, es muy tentador creer en el mito de que el avestruz es tan tonto (¿cabeza de chorlito?) como para pensar que si no puede ver a sus depredadores, entonces los depredadores no podrán verlo, porque ese sentimiento nos toca muy de cerca.

Intente recordar alguna vez que se haya llevado la sorpresa de que le rechazasen la tarjeta de crédito. ¿Ha evitado abrir facturas o correos electrónicos de su banco? O tal vez no haya tenido ningún suceso financiero adverso grave, como un descubierto o un incumplimiento de un préstamo, pero le costaría saber cuánto dinero hay en su cuenta, cuál es el saldo de su tarjeta de crédito o cuál es su patrimonio acumulado. No sería el único. Según una encuesta internacional de ING, 1 de cada 10 personas que tienen un préstamo personal no saben cuánto deben, y eso que en esa cifra no se incluyeron las deudas por hipotecas.

Este fenómeno psicológico, al que los científicos conductuales llaman «efecto avestruz», es nuestra forma de «protegernos» frente a una información potencialmente incómoda. Incluso los que se juegan mucho son susceptibles a él: la gente revisa su cartera de inversiones con más frecuencia cuando su valor está al alza que cuando está a la baja. A nadie le gustan las malas noticias.

El problema es que esta atención selectiva es una protección falsa: no abrir la factura de la tarjeta de crédito no hará desparecer por arte de magia la deuda que tengamos pendiente. Así como los depredadores del avestruz pueden seguir viéndolo incluso cuando este no los ve, nuestros acreedores tienen constancia de la cantidad que les debemos aunque decidamos ignorarlo. Además, ya a un nivel más básico, enterrar la cabeza impide obtener información. Por obvio que parezca, sin información no se puede evaluar la situación inicial, lo que hará imposible saber si vamos en la dirección correcta, si nos desviamos temporalmente del rumbo o si nos estamos sumiendo aún en más problemas económicos.

En otras palabras: si no sabemos dónde estamos, será difícil saber qué medidas tenemos que tomar para cambiar el rumbo. Disponer de toda la información necesaria sobre el estado de nuestras finanzas puede mejorar nuestra sensación de control, que es un aspecto importante para poder alcanzar el bienestar económico.

HACERLE FRENTE

Puede resultarle doloroso ahora, pero su yo futuro le agradecerá que preste atención a cómo está gastando, ahorrando, pidiendo prestado e invirtiendo hoy. Aunque querer evitar la información preocupante pueda ser una sensación natural, existen varios enfoques que podemos adoptar para superar este temor.

Uno de estos pasa por hacer que la información necesaria sea prácticamente inevitable. En lugar de dejar en sus propias manos la búsqueda de la información, deje que esta llegue a sus manos. Vea lo que ofrece su banco, ya que hoy en día hay muchas aplicaciones que nos permiten recibir actualizaciones automáticas de los saldos de cuentas o notificaciones de transacciones.

Otro de estos enfoques consiste en hacer de la búsqueda de información un hábito. Cuando algo se vuelve habitual, se le resta reflexión, casi como si nos pusiéramos en piloto automático. Así pues, si reconoce su propia susceptibilidad al efecto avestruz, considere hacer un hábito de su relación con la información para, así, hacerle frente a sus finanzas. Para ello, piense tanto en el detonante que inicie su rutina como en la recompensa por lograrla.

Fíjese una señal para recordarse a sí mismo que debe evaluar sus finanzas. Este detonante puede tener el nivel tecnológico que prefiera: puede recurrir a una alarma o un recordatorio en el teléfono, o simplemente un pósit en el calendario.

Lo importante es reservar un momento para revisar de forma periódica y rutinaria en qué lugar se está.

Esta rutina dependerá de su propia situación económica y personal. Puede consistir en lo que quiera, desde comprobar que no haya tenido ningún descubierto hasta reevaluar la asignación de activos en su cartera de jubilación.

Por último, seleccione una recompensa para combinarla con esta tarea. Según Katherine Milkman y sus colaboradores, si sabemos que disfrutaremos de una recompensa después de cumplir con nuestras tareas, nos sentiremos más motivados. Es importante que el placer que se conceda no contrarreste las ganancias que pueda obtener mediante la revisión finanzas. En otras palabras, ¡que no cueste demasiado! Por ejemplo, espere para disfrutar del siguiente episodio de esa serie que no se puede perder hasta que haya completado su rutina.

Es importante analizar tanto nuestra situación económica general como el saldo de nuestra cuenta o los ahorros. Peter Ruberton y sus colaboradores descubrieron que los saldos de las cuentas corrientes son un componente de especial importancia en cuanto a cómo nos sentimos con relación a nuestras finanzas. Los investigadores descubrieron que las personas tienden a experimentar una mayor sensación percibida de bienestar (en este caso, más confianza y menos propensión a que el dinero les quite el sueño) cuando tienen una mayor cantidad

RECORDATORIOS

- ○ Comprobar las cuentas bancarias
- ○ *Brunch* con Sam
- ○ Yoga
- ○ Tintorería
- +

de dinero del que puedan disponer al instante. El saldo de la cuenta corriente es un dato muy destacable: se puede acceder a él con facilidad, es comprensible y es posible compararlo con el del día o la semana anteriores. Sin embargo, para muchas personas, el saldo de sus cuentas es solo uno de los muchos productos financieros que manejan, tales como préstamos estudiantiles, cuentas de ahorro, pensiones, hipotecas, préstamos para automóviles, inversiones o el dinero en efectivo que se guardan debajo del colchón. Si bien no cabe duda de que el patrimonio líquido (aquel que es fácilmente accesible) es importante para el bienestar económico y general, no debemos olvidarnos de los otros componentes de nuestras finanzas. Como ya hemos visto, son muchos los casos en los que hay que prestarle más atención a nuestra economía personal. En el caso de los inversores, sin embargo, tal vez sea más útil prestarle *menos* atención. Comprobar su situación con demasiada frecuencia (como un suricato hipervigilante) puede llevarles a la tentación de vender a la baja en un intento de frenar las pérdidas. Si su plan pasa por adoptar una perspectiva a largo plazo al invertir, tal vez le sea más útil revisar con menos frecuencia y centrarse en las tendencias en lugar de en las incidencias pasajeras.

Una visión amplia de la situación económica es una parte importante de la toma de control.

DE LO MONETARIO
A LO NO MONETARIO

Piense en lo último que haya comprado; ¿cómo lo ha pagado? ¿Utilizó dinero en efectivo, una tarjeta, una transferencia bancaria, un vale de regalo o tal vez algún otro método? Ahora abra su cartera: ¿cuánto dinero en efectivo tiene?

La respuesta a estas preguntas dependerá de una serie de factores, entre los que destacan sus propios hábitos, la infraestructura de pago de la que disponga y las normas sociales de su lugar de residencia. Fijémonos en, por ejemplo, Suecia: el valor total de las transacciones en efectivo supone el 2 % del valor de todas las transacciones, lo que indica que, cuando los suecos emplean dinero en efectivo, es en su mayor parte para hacer compras muy pequeñas. Del mismo modo, una encuesta internacional de casi 13 000 europeos revela que el dinero en efectivo suele emplearse para comprar café y refrigerios, mientras que los métodos no monetarios cubren gastos mayores, como los de vivienda o los de servicios.

Dado que cada vez son más las transacciones económicas en todo el mundo que se llevan a cabo sin efectivo, merece la pena reflexionar sobre las ventajas e inconvenientes del pago con dinero en efectivo frente a los métodos no monetarios. En la columna de pros del dinero en efectivo puede incluirse que es relativamente privado y que se acepta de forma generalizada. En la de contras, hay que indicar que se tiene que obtener de algún lugar –un cajero automático o un banco–, lo tenemos que llevar con nosotros y, si nos lo roban, es poco probable que lo recuperemos. Los pagos no monetarios, por otra parte, son cómodos e incluso podría decirse que más seguros, pero carecen de privacidad.

Hay otra diferencia especialmente particular. Cuando pagamos con métodos no monetarios, perdemos la información visual y táctil que sí nos brinda el pago en metálico, una información que modifica el «dolor por pagar» y, en consecuencia, nuestro comportamiento con relación al gasto.

Así es: encontrarse con productos de un precio elevado realmente nos produce dolor, ya que, como descubrieron el profesor Brian Knutson y sus colaboradores, ver precios altos activa la misma área del cerebro que al experimentar asco o dolor físico. El «dolor por pagar» difiere en función de si la transacción se hace en efectivo o no. La razón, tal y como explicó el economista conductual Dan Ariely, reside en la importancia del pago. Más concretamente: tanto el momento como el soporte influyen en cómo nos sentimos al desprendernos de nuestro dinero. Para muchos, el dinero en efectivo parece más real que una tarjeta de plástico y, por lo tanto, resulta más doloroso gastarlo.

El dinero en efectivo también nos influye en otros aspectos: que un billete sea lustroso y limpio o rasgado y raído afecta a nuestra probabilidad de gastarlo; tendemos a aferrarnos al primero y deshacernos del segundo. También influye el valor del billete. Esto no ocurre cuando no se paga con dinero en efectivo, pues no hay un valor que se vaya a «romper».

EL DOLOR POR PAGAR

En poco probable que la decisión sobre cómo usar el dinero se convierta en una elección general entre usar solo dinero en efectivo o pasarse por completo a los métodos no monetarios. Entran en juego una serie de factores, entre ellos el continuo desarrollo de la infraestructura de los pagos digitales y la evolución de las normas sociales. Es probable que mucha gente siga utilizando diferentes tipos de mecanismos de pago.

Sin embargo, como consumidores informados, merece la pena tener en cuenta las diferencias entre las transacciones monetarias y las no monetarias y encontrar el método de pago que garantice el equilibrio adecuado entre comodidad e información para nuestra propia situación personal. Por ejemplo, en el caso de las tarjetas de crédito, se disocia el pago de la compra. Compramos algo en una tienda hoy y no lo pagamos hasta que llega la factura, hasta un mes después (si es que de hecho pagamos el saldo en su totalidad). Este retraso elimina la información instantánea que obtendríamos en el momento del consumo si utilizáramos efectivo, con lo que se reduce la importancia del pago. En otras palabras: nos parece menos doloroso pagar con una tarjeta de crédito porque no es dinero en efectivo y porque el dinero no sale de nuestra cuenta hasta mucho después de que el recuerdo de la compra se ha desvanecido.

Hay algunos productos nuevos con los que se está intentando reintroducir la información visual y táctil que nos perdemos cuando usamos métodos no monetarios. La RSA, un *think-tank* londinense, lleva varios años celebrando un desafío de diseño anual en el que se invita a que los participantes remitan diseños con los que responder a distintos retos sociales. Uno de los trabajos ganadores de la sección «Mind Your Money» de 2017 tuvo éxito porque introdujo la información visual en la ecuación de los pagos no monetarios. El estudiante universitario Liam Tuckwood diseñó una función que podía incorporársele tanto a las tarjetas de

débito como a las de crédito. Se trata de una idea sencilla y efectiva. En la esquina de la tarjeta hay un dibujo de una cara del tamaño de una huella del pulgar. Cuando se tiene un saldo saludable, la cara sonríe; cuando no, frunce el ceño. Lo que hace que esta idea resulte especialmente inteligente es que, de todos los indicios visuales que se pueden utilizar, el rostro humano —aunque estilizado— se reconoce con suma facilidad. De hecho, somos tan sensibles a este hecho que tendemos a «ver» rostros humanos en toda suerte de lugares que, sin lugar a dudas, no lo son.

Los bancos y los técnicos en finanzas desarrollan continuamente nuevos productos y servicios y perfeccionan sus aplicaciones para proporcionarles nuevas funciones a sus clientes. Pueden emplear el dolor por pagar en nuestro beneficio. Algunos han incluido funciones tales como las notificaciones de transacciones con información táctil, la cual nos ayuda a ser conscientes de nuestro comportamiento con respecto al gasto sin sacrificar la comodidad del pago no monetario.

Si desea reducir el «dolor por pagar», lo cual puede ser de utilidad a las personas a las que les resulta realmente desagradable gastar (los «tacaños» de la lección 1), intente hacer el pago por adelantado para disociarlo del consumo y utilice una tarjeta de débito o una transferencia en lugar de efectivo. En caso de querer aumentar el dolor por pagar, que puede ser de utilidad para los «manirrotos» a fin de contener el gasto, pruebe a hacer lo contrario. En este caso, por ejemplo, conviene emplear siempre que pueda dinero en efectivo, aunque tenga sus inconvenientes, como ya hemos mencionado.

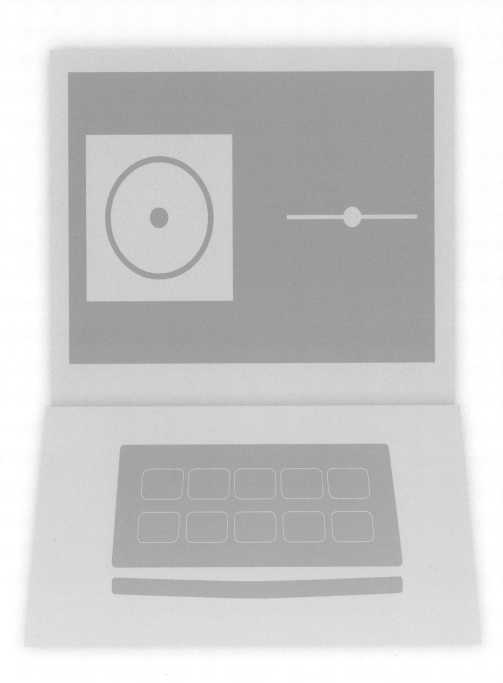

LA FRICCIÓN
AYUDAR A
EL GASTO IM

PUEDE CONTENER PULSIVO.

LA FRICCIÓN

Ayer mismo llamé a un taxi desde el teléfono cuando suspendieron el transporte público que suelo emplear. Había sido un día largo y se estaba haciendo tarde, así que, mientras estaba en el automóvil, hice un pedido para que me llevaran comida a casa. El conductor me dejó un poco antes de mi casa, cerca de la tienda de la esquina, porque necesitaba comprar algo de leche para el desayuno del día siguiente, y pagué moviendo el teléfono sobre el lector de tarjetas. Con la leche ya a salvo en la nevera, le hice una transferencia de dinero a mi hermana para el regalo que le vamos a hacer a nuestra madre, me tiré en el sofá y compré el siguiente episodio de mi comedia favorita con la que desconecto el cerebro.

En ese breve período de tiempo no abrí la cartera en ningún momento. Las aplicaciones que tenemos a nuestro alcance facilitan los pagos de nuestras actividades diarias. Para muchos —consumidores, diseñadores de tecnología y bancos por igual—, esta facilidad es incuestionablemente positiva. A fin de cuentas, es mejor que algo sea fácil que difícil, ¿no? El diseño de los nuevos métodos de pago y modelos de negocio procura que la fricción quede fuera del proceso, hasta el punto de que hoy en día esperamos que nuestras compras cotidianas se realicen con rapidez y sencillez.

Pero ¿no puede ser que tal vez se haya vuelto demasiado fácil y que eso nos esté haciendo incurrir en gastos no deseados? Fijémonos, por ejemplo, en las suscripciones: cuando las compañías hacen que sea fácil suscribirse a un servicio pero que resulte difícil darse de baja de él, podemos terminar haciendo pagos mensuales por algo que no usamos (¿a alguien le suena lo de la suscripción al gimnasio?).

Sí, añadir fricción puede disuadirnos si la actividad se vuelve demasiado difícil, pero ralentizarnos también puede ser beneficioso, ya que nos evita errores y nos impide llevar a cabo sin darnos cuenta una acción que, de otra manera, tal vez sería demasiado fácil de hacer. Y, sobre todo, la lentitud puede ayudarnos a contener el gasto impulsivo. Esta puede ser útil para los manirrotos y, además, puede tener un valor especial para aquellas personas que padezcan problemas mentales y que estén gastando desenfrenadamente para sentirse mejor. Ya sea para gestionar la impulsividad, la adicción a las compras u otras vulnerabilidades, las restricciones o alertas opcionales que nos podemos autoimponer mientras estemos en un «estado frío» para que surtan efecto durante un «estado caliente» (en ciertas tiendas, o durante períodos de gasto desenfrenado) pueden resultarnos útiles para evitar acumular facturas por gastos que tal vez nos hagan sentirnos bien en el momento pero de los que tal vez nos lamentemos después.

Los talonarios de cheques, que pueden parecer anticuados en la actualidad, representan la fricción máxima. Si bien no estoy abogando por una vuelta a los talonarios, el uso de cheques puede mejorar nuestra visión general de las finanzas, ya que el hecho de escribir la cantidad con números y palabras puede ayudarnos a recordar los gastos con mayor precisión que cuando utilizamos una tarjeta de crédito. Cuanto mejor recordemos las compras anteriores, mejor podremos planificar las futuras.

Alquiler $

Factura del agua $

Comida con Juan $

Regalo para mamá $

DE LA INCONSCIENCIA
A LA CONCIENCIA PLENA

Si bien hay quien busca poca fricción en las transacciones, se puede decir que hay un caso para hacerlas un poco menos suaves y un tanto más ásperas. Huelga decir que a todos nos gusta la comodidad, pero cuando se nos ofrece un producto que parece muy cómodo, hay que reflexionar si realmente es la mejor opción.

Uno de los proyectos que más me gustaron de los que se presentaron a los Student Desing Awards de la RSA estaba realizado a tal fin con un reducido componente tecnológico: era un trozo de plástico que se podía encajar en una tarjeta de débito y que tenía el mismo tamaño que esta. En el plástico había un conjunto de cuatro elementos que se deslizaban y una pregunta en cada uno, como: «¿Cuesta menos de 100 libras?» o «¿He dormido bien esta noche?». Aunque este plástico llevaba sus propias preguntas preestablecidas, se podían imprimir otras en función de las necesidades de cada persona. La idea es que hay que mover los elementos deslizantes a la posición de «sí» o «no» y que se necesita que los cuatro estén en la posición de «sí» para que la tarjeta se suelte y se pueda usar en un cajero o en un lector de tarjetas.

¿Le parece un poco exagerado? Pues bien, dejando a un lado la cuestión de la tarjeta bloqueada, el mero hecho de enfrentarnos a estas preguntas cada vez que deseemos pagar puede ayudarnos a ralentizar el proceso, haciendo que pase de ser algo fácil y automático a convertirse en una transacción más reflexiva. En otras palabras: podría ayudarnos a hacer que la actividad pase de generarse en la inconsciencia a nacer de la conciencia plena. En el caso de pagos y transacciones

por medio de dispositivos móviles o digitales, se puede tener una versión digital de los elementos deslizantes en la tarjeta que nos fuercen a responder a las preguntas que estimulan el gasto para que reflexionemos sobre la conveniencia de la inminente compra.

Las aplicaciones también pueden aumentar la fricción; para ello, por ejemplo, puede hacerse

que los usuarios tengan que interactuar con distintas partes de la pantalla porque ciertas funciones sean menos obvias o que la acción necesaria sea un deslizamiento en lugar de un toque, ya que es más fácil dar toques sin querer que deslizar el dedo sin que nos demos cuenta. Observe el diseño de las aplicaciones y las páginas web: ¿están facilitándolo demasiado los vendedores para que gastemos dinero?

Si prefiere la opción con poca fricción, tenga en cuenta que la reducción de esta hace que sea aún más importante no perder de vista nuestros gastos. Así que averigüe lo que le puede ofrecer su banco en términos de notificaciones de saldos y transacciones y consulte la lección 5 para obtener consejos sobre cómo evitar convertirse en un avestruz.

Enfrentarnos a preguntas cada vez que deseamos pagar puede ayudarnos a hacer que el gasto pase de generarse en la inconsciencia a nacer de la conciencia plena.

¡ESO ES UNA GANGA! (¿O NO?)

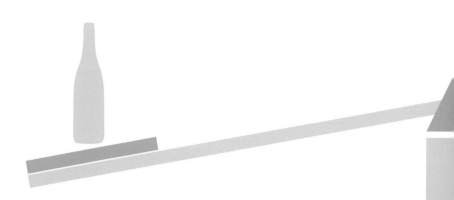

Es difícil saber cuánto cuesta fabricar la mayoría de los artículos que compramos, ya sea una cerveza, una pelota de fútbol o un cuarto de baño. ¿De qué están fabricadas todas esas cosas y cuánto cuestan esas materias primas? ¿Y qué decir de la mano de obra, el transporte, la distribución y la comercialización?

Como, por lo general, no podemos calcular los costes que implica la producción de los objetos para identificar cuál sería el precio mínimo o justo, tal vez el precio debería reflejar el valor que aporta. Con todo, también es esa una cuestión espinosa. Al resultarnos difícil evaluar el valor absoluto de los objetos, lo que hacemos en su lugar es pensar en términos de valor relativo en comparación con otros productos o puntos de referencia. No estar seguros del valor «real» de algo significa que lo que estamos dispuestos a pagar suele estar abierto a sugerencias, y los minoristas pueden fijar el precio de sus productos para aprovecharse. Los dos enfoques que hay que tener en cuenta son **el anclaje** y **los señuelos**.

Las empresas pueden usar el precio para poner de relieve la calidad. La marca de cerveza Stella Artois bromeó en una larga campaña publicitaria en la que aseveraba que su bebida era «tranquilizadoramente cara». Y, sorprendentemente, cuando el precio es más alto, no solo puede darse que esperemos que el producto sea de mejor calidad, sino que, también, lo percibamos como mejor. Baba Shiv, Ziv Carmon y Dan Ariely realizaron un estudio que les llevó a la conclusión de que el precio es relevante. En él, un grupo de personas que pagaron alrededor de la mitad por una bebida energética que decía aumentar la «agudeza mental» lograron resolver menos sopas de letras que aquellas que habían pagado el precio completo, a pesar de que la bebida fue exactamente la misma para ambos grupos.

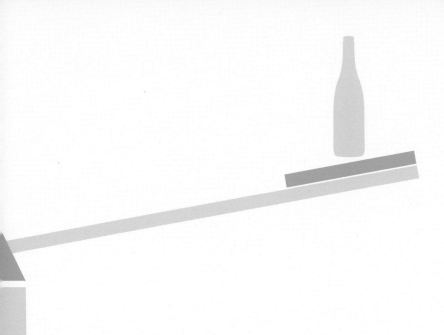

EL ANCLAJE

La primera cantidad que barajemos en una decisión de compra puede servirnos a modo de «ancla» sobre cuánto estamos dispuestos a pagar por un artículo, incluso cuando el ancla sea completamente arbitraria. En un estudio se les enseñó a los participantes una gama de artículos, desde vino hasta accesorios informáticos. Primero se les pidió los dos últimos dígitos de su número de la seguridad social y, después, que pusieran el signo del dólar al lado. Luego, les formularon dos preguntas por cada artículo: si pagarían más o menos de la cantidad que habían escrito y cuánto estarían dispuestos a pagar. Pese a que la cifra no guardaba ninguna relación con su valoración, los investigadores descubrieron que sí la tuvo. Los que tenían los números más altos estaban, de promedio, dispuestos a pagar más que los que tenían los números más bajos.

EL EFECTO SEÑUELO

Cuando nos resulta difícil comparar dos productos, tal vez porque tengan muchos atributos diferentes (como, por ejemplo, en el caso de las cámaras digitales) o porque sean muy diferentes entre sí (una suscripción a una revista impresa o digital), la introducción de un producto que sea similar pero ligeramente peor que una de las opciones puede llevarnos a cambiar nuestras preferencias. El producto inferior «señuelo» pone de manifiesto la relativa fuerza de la opción inferior. Dan Ariely explica que aunque puede que no veamos claro si una suscripción a una revista digital por 59 dólares sea mejor o peor que una a una versión impresa más la digital por 125 dólares, cuando se introduce una tercera opción con solo la versión impresa por 125 dólares, muchos optaríamos por la segunda. Los vendedores suelen utilizar señuelos para intentar cambiar las ventas de un producto determinado.

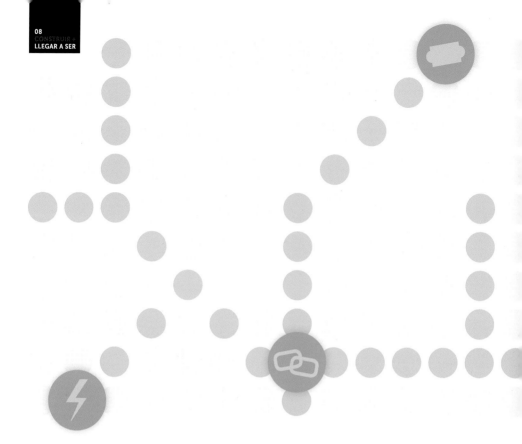

EL AUTÉNTICO VALOR

En nuestra vida diaria nos enfrentamos a un sinfín de decisiones de compra. Explorarlas puede resultar complicado, y no solo por el volumen, sino también porque lo cierto es que es bastante difícil saber cuánto valen las cosas realmente. Comprender que los vendedores pueden valerse de esto es el primer paso para tratar de evitar vernos arrastrados por sus inteligentes técnicas de tarificación.

Al comparar productos, puede ser útil pensar en los costes de oportunidad de la diferencia de precio. Es decir, qué otra cosa podríamos comprarnos con el dinero que ahorraríamos al comprar la versión más barata o a qué tendríamos que renunciar si optáramos por la cara. Si adquiero la cazadora

buena en lugar de la versión de máxima calidad, también puedo comprarme un par de guantes, salir a comer o rellenar mi reserva de ahorros. Pese a que puede ser tedioso hacer estos cálculos de compensación, pueden ayudarnos a poner en perspectiva el valor de los artículos.

Compruebe que no le haya influido un «ancla alta», como, por ejemplo, un precio inicial reducido al precio de oferta. Use el anclaje a su favor cuando negocie, ya sea para lograr un precio más bajo en un bazar o para obtener un salario inicial más alto en su siguiente trabajo. El uso de una cifra muy baja (o alta) como consideración inicial puede influir en la medida en que la otra parte esté dispuesta a llegar a un acuerdo.

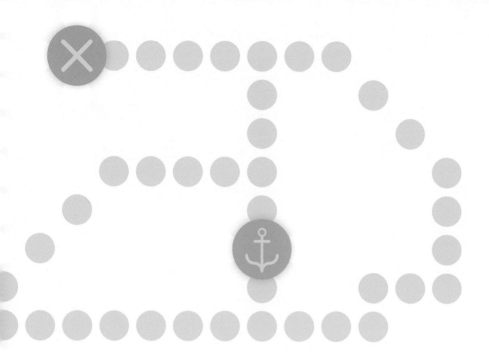

¿Hay algún otro producto cerca (ya sea en una tienda física o virtual) que sea irrelevante para su elección, ya sea por su inferioridad o porque tenga un precio ridículamente elevado? Si puede identificar los señuelos, tal vez le sea más fácil ignorarlos. Si bien mirar los escaparates de artículos de lujo puede resultar divertido, merece la pena considerar si esos nuevos puntos de referencia podrían influir en sus compras.

Los vendedores, claro está, disponen de muchos otros recursos con los que animarnos a pagar más. Agrupar sus productos puede dificultarnos la identificación del precio individual de cada componente del lote, y, por lo tanto, su comparación con otros productos o marcas.

Cuando se enfrente a un lote, dedíquele un minuto extra para calcular si su precio es realmente más ventajoso que la suma de sus partes. ¿Quiere en realidad todo lo que incluye el lote?

Las empresas pueden fijar el precio de sus bienes y servicios en función de lo que cuesta proveerse de ellos, de lo que generalmente se considera justo o del valor que creen que aportan a los clientes. Sin embargo, dado que el valor percibido es subjetivo y está abierto a sugerencias, pueden utilizar técnicas como el anclaje, la agrupación de productos o el uso de un producto señuelo para aumentar nuestra disposición a pagar por nuestros deseos y necesidades.

HERRAMIENTAS

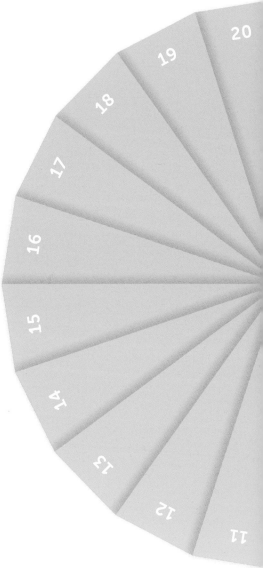

05

¿Tiene la cabeza enterrada? Puede ser tentador evitar conocer lo que podría traernos malas noticias. Pero ignorar nuestra situación económica puede dificultar ver dónde se pueden hacer los cambios y nos será imposible saber si esos cambios están teniendo un impacto significativo. Concédase una pequeña recompensa por llevar a cabo la tarea de prestarle atención a sus finanzas para, así, ponérselo más fácil.

06

Dinero en efectivo, tarjetas de débito, transferencias bancarias y vales de regalo: todo es lo mismo, ¿verdad? Falso. Cuando pagamos con métodos no monetarios, perdemos una importante información que obtendríamos si pagáramos en efectivo; puede ser más «efectivo» desprenderse del dinero en metálico. Como la tecnología nos lleva hacia la ausencia de dinero físico, cada vez es más fácil sobrepasar la cifra presupuestada. Identifique el método de pago que tenga el equilibrio adecuado entre comodidad e información para su situación concreta.

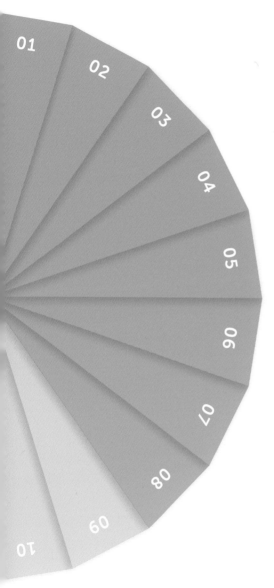

07

El diseño de los nuevos métodos de pago y modelos de negocio se centra en la comodidad, la velocidad y la sencillez y procura que la fricción quede fuera del proceso. Para muchos, esta facilidad de uso es positiva. Pero ¿no podría ser que se haya vuelto demasiado fácil y nos esté haciendo incurrir en gastos no deseados? Piense en las aplicaciones que utiliza y si le merecería la pena introducir un poco más de fricción en el proceso. Cuando el gasto es fácil, el registro de ingresos y gastos es aún más importante para mantener el control.

08

En nuestra vida diaria nos enfrentamos a un sinfín de decisiones de compra. Sin embargo, es difícil conocer el auténtico valor de nada. Pensamos en el valor de los productos no en términos absolutos, sino con relación a otros productos. El uso del precio para denotar la calidad, el anclaje hacia precios elevados al que nos inducen y la introducción de productos señuelo son solo algunas de las muchas técnicas que pueden emplear los vendedores en su afán por hacernos gastar más.

PARA APRENDER MÁS

LECTURAS

Predictably Irrational: The hidden forces that shape our decisions
Dan Ariely (Harper, 2010)

IIS Cashless Society Survey
ING (2017), eZonomics.com

AUDIOS

«We shouldn't stick our heads in the sand, but we do it anyway»
Podcast de Hidden Brain
npr.org

«Why are we still using cash?»
Podcast de Freakonomics
freakonomics.com/podcast

AUDIOVISUALES

«The Decoy Effect»
National Geographic explica cómo cambia nuestra toma de decisiones cuando se introduce un señuelo.
video.nationalgeographic.com/tv/brain-games/the-decoy-effect

«The Pain of Paying»
Vídeo de YouTube en el que Dan Ariely explica este concepto..

EXPERIMENTOS

Experimente consigo mismo
Pruebe una semana a usar solo dinero en efectivo, y otra semana a no usar nada de dinero en efectivo. ¿Cómo se ha sentido? ¿Han cambiado sus gastos?

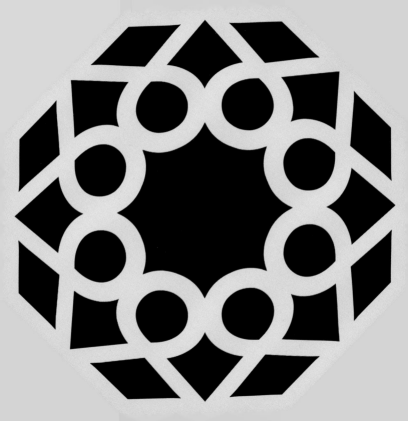

LA RESILIENCIA

LECCIONES

Resulta crucial disponer de una reserva de ahorros con los que hacer frente a las emergencias. Un gasto inesperado puede hacernos pasar de estar en la zona del «ir tirando» a entrar en una ciénaga de estrés y deudas inmanejables.

Nadie tiene una bola de cristal con la que adivinar el futuro, así que no hay forma de saber lo que nos depara. De ahí que un componente clave del bienestar económico sea el desarrollo de la capacidad de resiliencia a los impactos, ya sean estos en forma de gastos imprevistos, como puede ser la reparación de un automóvil, o un cambio en los ingresos, como el que producen un recorte salarial o el desempleo.

Por todo ello, resulta crucial disponer de una reserva de ahorros con los que hacer frente a las emergencias. Un gasto inesperado puede hacernos pasar de estar en la zona del «ir tirando» a entrar en una ciénaga de estrés y deudas inmanejables. Como ya hemos visto, si bien el dinero llama al dinero, con la inseguridad económica sucede algo parecido.

Si, por ejemplo, no disponemos de una reserva de ahorros, podemos vernos tentados a recurrir a un prestamista u otra forma de crédito a corto plazo, como las tarjetas de crédito o los descubiertos, que se convierten en una opción aún más costosa a medida que se acumulan los intereses y se incurre en cargos por mora. Muchos recurren a estas deudas a corto plazo en épocas de vacas flacas, y existen varios factores que nos llevan a no pagarlas como deberíamos.

Cuando estamos realmente apretados de dinero, hacer malabarismos se convierte en algo cognitivamente exigente; puede llevarnos a centrarnos solo en nuestros problemas económicos inmediatos y a dejarnos poco espacio mental con el que poder contemplar otras oportunidades vitales. Si nos ofrecen una entrevista de última hora para el trabajo de nuestros sueños, algo tan rutinario como encontrar a una niñera nos puede incluso acarrear toda una serie de negociaciones si no contamos con cierta holgura en el presupuesto para pagarle.

Si bien el trabajo duro y el talento son importantes, a veces la vida depende de la suerte, por lo que es importante tener una reserva de ahorros a los que recurrir. La gente tiende a ser bastante optimista, a pensar que no le va a pasar nada malo y a tener demasiada confianza en que, si le pasara algo, podrían encontrar una manera de solucionarlo. Estos encuadres mentales, aunque tienen sus beneficios, pueden dejarnos desprevenidos cuando llegue la mala suerte.

Al luchar por seguir adelante, la mentalidad de escasez puede perpetuar el problema, por lo que es importante pasar del optimismo al realismo y planificar en consecuencia para desarrollar una resiliencia económica ante las sorpresas.

EL PAPEL DE LA SUERTE EN EL ÉXITO

Aunque es poco probable que haya tenido la fortuna de ganar a la lotería, es casi seguro que habrá experimentado algo de suerte en la vida. En el sentido que aquí se emplea, la suerte no es solo la buena fortuna, sino que también puede ser mala suerte o infortunio. Tenga un sentido positivo o negativo, es algo que está fuera de nuestro control.

La suerte desempeña un papel más importante en el éxito de lo que muchos suelen creer. Este hallazgo, explorado en profundidad por el profesor Robert Frank, de Cornell, podría deberse a que tendemos a recordar más los casos de mala suerte que los de buena, o posiblemente porque a los que tienen éxito les resulta más fácil creer que llegaron allí mediante sus propias acciones (porque esta actitud protege sus egos) que atribuirlo a acontecimientos externos. Por lo general, en un intento de ayudar a darle sentido a la vida, preferimos creer que el mundo es justo y equitativo. Esta falta de conciencia de nuestros vientos de cara o de cola tiene interesantes implicaciones económicas.

Huelga decir que el éxito económico no depende solo de la suerte. Lo que sostiene Frank es que, si bien el trabajo duro y el talento también son necesarios, no suelen ser unas condiciones suficientes para el éxito. No cabe duda de que las decisiones y las acciones de las personas exitosas en el día a día, así como la forma en que cultivan sus propias pasiones, suponen una gran parte de su éxito, sin embargo, hay otras personas que también trabajan duro y que cultivan su talento.

Pero cerca de la cima los márgenes se estrechan, y la suerte puede ser el elemento que distinga al que llega primero del segundo. En nuestro mundo competitivo y globalizado, la diferencia entre las recompensas que obtienen los que llegan en segundo y en primer lugar suele ser considerable, por lo que las ganancias marginales que implica tener suerte tal vez se perciban como algo más importante que en otros tiempos.

Hace varios siglos, para triunfar en el mercado teníamos que ser el mejor de nuestra ciudad, nuestro pueblo o dentro de nuestra red comercial. Hoy en día, el área en el que tenemos que ser «el mejor» ha crecido enormemente. Tomemos, por ejemplo, la venta de una estructura de cama: en otros tiempos, el esfuerzo que suponía enviar algo tan pesado hacía que lo más probable es que la mayoría la comprara a su fabricante local de muebles; ahora, las compañías venden a escala global y casi al instante. Es por eso por lo que las implicaciones de estar en el primer lugar y no en el segundo −y, por lo tanto, las consecuencias de la buena o la mala suerte− se acentúan.

Hemos de señalar una importante distinción entre la suerte y el privilegio. Hay personas que han tenido la suerte de nacer en contextos privilegiados: crecen con más recursos, tienen entornos más estables o acceso a mejores escuelas que los demás. Esto, qué duda cabe, les proporciona una ventaja vital, y la mala o buena suerte que tengan después podrá equilibrar o aumentar esta ventaja a lo largo de sus vidas.

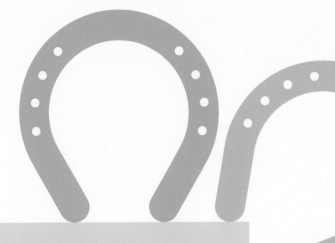

Dado que existen fuerzas fuera de nuestro control que desempeñan un papel tan relevante, podría aducirse que no tiene sentido planificar el futuro. ¿Quién sabe qué pasará mañana? Pero otra manera de ver este hecho es que, precisamente debido a que la suerte —buena o mala— influye en nuestras vidas, es importante que nos preparemos para las eventualidades negativas y emprender acciones positivas más tradicionales para dirigirnos hacia el éxito, como el esfuerzo y el desarrollo de nuestras habilidades.

PREPARADOS
PARA RECIBIR LA SUERTE

La suerte, por definición, no puede controlarse. Sin embargo, podemos ponernos en situaciones en las que, si tuviéramos suerte, estaríamos en una buena posición para hacer el mejor uso de ella. Del mismo modo que una semilla no crece si la tierra no es buena, los golpes de suerte ejercen un mayor impacto en el «campo» de nuestras vidas si lo tenemos labrado y preparado para recibirla.

Equiparse con las herramientas adecuadas para hacer uso de la buena fortuna es algo que puede lograrse por medio del trabajo duro, la mejora de las habilidades y el estar en el lugar adecuado en el momento adecuado.

Tal vez un primer paso sea pensar cuáles son nuestros puntos fuertes y débiles. ¿Ya se le da bien algo? Desarróllelo para que se le dé aún mejor y logre adquirir una especialización. ¿Hay algo que se le dé tremendamente mal? Piense en cómo hacer que esto no sea así. No tiene por qué ser algo desalentador. Dominar una tarea asumible y repetible dentro de un campo más amplio puede ser una pequeña victoria, lo cual aumenta la motivación para intentar dominar otras tareas relacionadas. De ese modo, incluso si la buena suerte tarda tiempo en llegar hasta nosotros, mientras tanto estaremos desarrollando nuestra base de habilidades. Aunque debemos ser conscientes de nuestro éxito y estar orgullosos del trabajo que hemos hecho para llegar hasta él, también hemos de tratar de apreciar con humildad el papel que desempeñan los factores que están fuera de nuestro control y que nos hayan ayudado a lo largo del camino. Tal vez le resulte útil el siguiente sencillo ejercicio estudiado por el investigador Yuezhou Huo: seleccione algo de su vida que considere personalmente un éxito. Anótelo. A continuación, reflexione sobre este éxito e intente identificar tres acontecimientos o fuerzas ajenas a su control que quizá le hayan ayudado a alcanzarlo.

Este experimento mental posee varios beneficios colaterales potenciales: generosidad, bienestar y, posiblemente, incluso mejora de oportunidades. Según la investigación, las personas que enumeraron factores que estuvieron fuera de su control eran más generosas con los demás que las personas que se limitaron a mencionar los factores que controlaron. En concreto donaron a obras benéficas más de lo que ganaron por participar en la investigación. Tenga también en cuenta que reflexionar sobre las condiciones que se dieron cuando tuvo suerte podría ayudarle a anticipar dónde tiene más oportunidades de que la suerte lo vuelva a «descubrir» en el futuro.

Robert Frank aboga por un impuesto progresivo sobre el consumo para contrarrestar los efectos negativos de la mala suerte en algunos miembros de la sociedad. Sostiene que la gente no debería pagar impuestos por lo que gana, sino por lo que gasta en artículos suntuarios, es decir, en los bienes y servicios que están por encima de las necesidades básicas. El impuesto sería mayor cuanto más se gastase, por lo que el alquiler básico no estaría sujeto a impuestos, pero sí un yate nuevo. Este tipo de impuestos frenaría el gasto de lujo sin perjudicar a los que gastan menos, y el impuesto recaudado por el Gobierno podría utilizarse para financiar infraestructuras que sirvan a todos, ricos o pobres, como mejores carreteras y escuelas.

Del mismo modo que una semilla no crece si la tierra no es buena, un golpe de suerte ejerce un mayor impacto en el «campo» de nuestras vidas si lo tenemos labrado y preparado para recibirlo.

VER LA VIDA DE COLOR ROSA

Cuando piensa en su futuro, ¿qué espera de él? En general, ¿le irán bien las cosas?, ¿su yo futuro ganará más y la economía estará en auge? ¿No le irá tan bien? ¿Usted o un ser querido habrán enfermado o se habrán quedado sin trabajo?

Si es como la mayoría de la gente, el futuro le parecerá resplandeciente; nuestro optimismo nos hace pensar que el futuro nos depara grandes cosas. Si bien el optimismo es importante por varios motivos, solo porque veamos el futuro de color rosa, no quiere decir, por desgracia, que tenga que ser así. Y es ahí donde nuestra tendencia a ser optimistas puede resultar problemática.

Los investigadores se valen de varios métodos para medir el nivel de la postura optimista. Hay estudios, por ejemplo, en los que se le pregunta a los participantes cuáles son sus expectativas sobre el futuro y luego se mide si dichos acontecimientos se producen y de qué modo. Puede tratarse de cualquier cosa, desde el salario inicial de un próximo trabajo, cuánto disfrutaremos unas vacaciones futuras o el número de acontecimientos positivos que se producirán a lo largo del próximo mes. La postura optimista se produce cuando nuestras expectativas son sistemáticamente superiores a la realidad.

Otro estudio utilizó el grado en que la gente sobrestima su esperanza de vida como una medida de optimismo. A los participantes se les preguntó por el tiempo que estimaban que vivirían. Después, los investigadores Manju Puri y David Robinson contrastaron las respuestas con la esperanza de vida que les correspondía por estadística y en función de los distintos factores del estilo de vida. Aquellos que creían que vivirían más de lo que predicen las tablas actuariales fueron considerados optimistas.

Este estudio diferenció aún más entre optimistas moderados y extremos y dio con algunos hallazgos fascinantes. El optimismo moderado se correlaciona con un gama de resultados positivos, desde el

De hecho, los optimistas moderados trabajan más horas y esperan que su carrera global sea más larga.

Por lo tanto, el problema para el bienestar económico no es el optimismo moderado, sino el optimismo extremo. Ser demasiado optimistas puede dejarnos desprevenidos ante las recesiones de la vida. Puri y Robinson descubrieron que los optimistas extremos trabajaban menos horas, ahorraban menos y tenían una mayor proporción de su capital en valores ilíquidos (a los que no se puede acceder fácilmente). Presumiblemente, los optimistas extremos subestiman la probabilidad de que les ocurran sucesos negativos y esperan que todo les salga bien, por lo que no ven la necesidad de disponer de una reserva de ahorros ni de tener acceso rápido al dinero en efectivo.

Los investigadores han descubierto recientemente que la gente tiende a esperar que tanto sus ingresos como sus gastos aumenten en el futuro, pero subestiman la medida en que aumentarán los gastos, un fenómeno al que Jonathan Berman y sus colaboradores denominaron «negligencia de gastos». De manera similar, otra investigación descubrió que se tiende a gastar más de la cuenta en gastos «excepcionales» poco frecuentes. La idea en este caso es que, como se piensa que es un caso concreto, no nos parece mal extralimitarnos un poco «solo esta vez». Esta combinación de subestimación y sobregasto puede hacer que acabemos pasando apuros en el futuro.

hecho de tener una mejor salud hasta una mayor disposición a volver a contraer matrimonio tras un divorcio o tener un mejor comportamiento financiero, como puede ser el caso de pagar a tiempo la factura de la tarjeta de crédito o ahorrar más. El optimismo establece una sólida base para que ejerzamos nuestra fuerza de voluntad (*véase* la lección 19), ya que nos ayuda a creer que nuestros esfuerzos actuales darán sus frutos en el futuro.

PREPÁRESE PARA LO PEOR, ESPERE LO MEJOR

¿Cómo podemos corregir nuestra postura optimista? ¿Bastaría con conocer las probabilidades reales de los acontecimientos? Parece razonable. Con todo, la neurocientífica Tali Sharot puso a prueba esta idea y descubrió que tenemos una sorprendente resistencia a poner al día nuestras creencias. Y, más concretamente, las ponemos al día selectivamente: cuando conocemos información que es mejor de lo que predijimos, actualizamos nuestra perspectiva, pero cuando esa información es peor de lo que habíamos predicho (lo que debería corregir nuestro optimismo), no ponemos al día nuestras creencias en absoluto. Al parecer, solo aprendemos lo que queremos oír.

Si bien el optimismo extremo resulta financieramente imprudente, el pesimismo extremo tampoco parece ser deseable. Podemos pasarnos la vida escatimando y ahorrando durante décadas, perdiéndonos experiencias enriquecedoras para el alma, y que al final nos veamos afectados por algún trágico accidente. Por otro lado, también es del todo posible llevar una vida de hedonismo y gratificación instantánea, despilfarrar y no invertir en habilidades para el futuro, disfrutar de una larga vida y, en la vejez, ser incapaces de trabajar y no tener ahorros a los que recurrir. Aunque las imágenes del futuro económico suelen tener aspectos extremos como estos, lo más probable es que la realidad tenga lugar en algún punto intermedio.

La vida está repleta de riesgos e incertidumbres. Surgen acontecimientos y se dan oportunidades que no podemos prever. Así, al realizar nuestra planificación económica, cada uno tiene que encontrar el equilibrio que le parezca más apropiado para su caso.

Dada la gama de beneficios que proporciona el optimismo moderado, parece una buena idea mantener una perspectiva relativamente optimista a la vez que nos preparamos para las sorpresas desagradables que puedan surgir en nuestro camino.

Una técnica, defendida por el psicólogo Daniel Kahneman, ganador del premio Nobel, es la del análisis *pre mortem*. Este experimento mental consiste en imaginarnos que nuestros proyectos, nuestras finanzas o nuestra vida han resultado ser un desastre terrible. ¿Qué ha sucedido? A medida que vamos construyendo esta imagen, reflexionamos sobre lo que se podría hacer para prevenir la situación o mitigar sus consecuencias.

Si prefiere evitar la planificación de escenarios aterradores, a un nivel menos amenazante desde el punto de vista existencial, una simple regla general podría ser la de revisar el presupuesto del próximo año, extraer lo que espera gastar, y añadirle más. Con esto podría corregir la negligencia de gastos que solemos tener. Compruebe que su reserva de ahorros sea adecuada y estudie qué seguros resultan apropiados en su caso.

Tal vez el truco esté en prepararse para el peor de los casos mientras nos concedemos la frivolidad de creer que no sucederá nada malo. Como dice el dicho: «Espera lo mejor, haz planes para lo peor y prepárate para sorprenderte».

Pasado

Futuro

LAS SORPRE
¿SE HA PRE
ECONÓMICA
PARA ELLAS?

SAS LLEGAN.
PARADO
MENTE

EL IMPUESTO POR LA ATENCIÓN

Hace años había un anuncio de televisión en el que unas personas estaban en una cancha y se formulaba una sencilla pregunta: «¿Cuántas veces se ha pasado la pelota de baloncesto?». Conté meticulosamente cada paso, bastante seguro de mi respuesta. Sin embargo, en lugar de dar el número exacto, el anuncio preguntaba: «¿Ha visto a la mujer en enaguas?». Una persona vestida con un ridículo disfraz había atravesado en línea recta el partido de baloncesto. Y no me había dado cuenta de nada.

Dado que nuestra atención es limitada, cuando tenemos que concederle espacio mental a la gestión de nuestras finanzas, puede resultarnos difícil retener la suficiente atención para tomar otras decisiones importantes de nuestras vidas.

Una manera útil de pensar sobre esta restricción es comparar el tamaño de nuestro presupuesto y la cantidad de gastos que tengamos con el tamaño de una maleta y todo lo que tengamos que meter en ella. Cuando hay mucho espacio porque se tiene una maleta muy grande (mucho dinero), resulta bastante fácil meter todo lo que necesitemos (cubrir nuestros gastos). Pero cuando la maleta es pequeña o se tienen unas grandes necesidades, esta tarea es difícil y el proceso de toma de decisiones se vuelve más complejo. Si metemos las chanclas, ahora depende no solo de si creemos que las necesitamos, sino también de lo que tendremos que dejar fuera para hacerles hueco. Estas decisiones de compensación resultan cognitivamente exigentes. Requieren de mucho espacio mental, o, como los científicos conductuales Sendhil Mullainathan y Eldar Shafir lo llaman, «ancho de banda cognitivo».

Mullainathan, Shafir y sus colaboradores han llevado a cabo una amplia investigación con relación a este tema en un ámbito que abarca desde centros comerciales de Nueva Jersey hasta granjas de la India rural. Han descubierto que en períodos de escasez, cuando no se tiene mucho dinero, tendemos a poner nuestra atención casi exclusivamente en la tarea inmediata. Si bien puede tener sus ventajas, también puede exacerbar el problema y crear un círculo vicioso. Debido a que en tiempos de escasez económica utilizamos mucho el ancho de banda cognitivo, lo que dificulta las compensaciones, nos queda menos espacio mental libre para tomar otras decisiones importantes.

Han descubierto que, por ejemplo, los agricultores obtienen una puntuación más baja en las pruebas de inteligencia fluida (habilidades de resolución de problemas y razonamiento) inmediatamente antes de la cosecha de caña de azúcar, cuando hay poco dinero, que inmediatamente después de la cosecha, que es una época de abundancia. La diferencia en los resultados de las pruebas fue equivalente a unos 13 puntos de CI, o una noche de sueño, lo que demuestra que experimentar dificultades económicas nos pasa un «impuesto mental». Esto significa que puede resultarnos más difícil salir de las dificultades económicas en los momentos en los que más ayuda necesitamos.

CREAR ESPACIO MENTAL

Según se dice, el expresidente estadounidense Barack Obama solo usó dos trajes diferentes durante su mandato porque no quería emplear su valioso espacio mental para decidir qué ponerse cuando había otras decisiones más importantes que tomar. Entonces, ¿qué podemos hacer para simplificar nuestras vidas cuando nos vemos sin el espacio mental necesario para tomar buenas decisiones?

Obtener ayuda al tomar decisiones difíciles o encontrar maneras de reponer nuestra atención puede sernos de utilidad. Intente, por ejemplo, que alguien en quien confíe le dé una segunda opinión sobre una decisión. Si tiene la posibilidad de consultarlo con la almohada, hágalo. Si puede darse el lujo de reprogramar la decisión para un momento en el que vaya a estar menos constreñido y/o sobrecargado con otras decisiones, aproveche la situación. Aunque vivimos en una época en la que esperamos respuestas con mayor rapidez que nunca, es increíble lo que puede hacer un correo electrónico de respuesta.

Mullainathan y Shafir sugieren que las organizaciones tienen en su mano facilitarle la vida a las personas de varias maneras. Pueden, por ejemplo, diseñar sus productos o procesos de manera que la opción predeterminada sea la que le resulte de utilidad a mucha gente.

Las investigaciones de la ciencia conductual han demostrado que tendemos a seguir el *statu quo*, e, increíblemente, esto puede verse inalterado incluso si se nos dice que el estándar se determina al azar. Dado el poder de los estándares sobre el comportamiento de la gente, es especialmente importante que, en estos casos, el estándar minimice un impacto adverso sobre las personas en lugar de maximizar el beneficio de algunos.

Además, las empresas pueden proporcionar servicios de apoyo (y gratuitos) que alivien a la gente de las exigencias de atención concurrentes, para lo cual, por ejemplo, pueden proporcionar un servicio de guardería.

Huelga decir que cambiar las organizaciones es complicado. Podemos usar nuestro voto para apoyar políticas apropiadas, y nuestro poder profesional para abogar por cambios en el lugar de trabajo y sugerir mejoras para los clientes y los trabajadores. La clave es empatizar con las personas que utilicen nuestros productos y servicios para crear un entorno que sirva mejor al limitado ancho de banda cognitivo de la gente.

Pese a que la naturaleza autorreafirmante de este problema hace que sea difícil de abordar, resalta el beneficio de tener una reserva de ahorros a los que se pueda acceder con facilidad para aquellas ocasiones en las que nuestros gastos vayan camino de superar el saldo disponible.

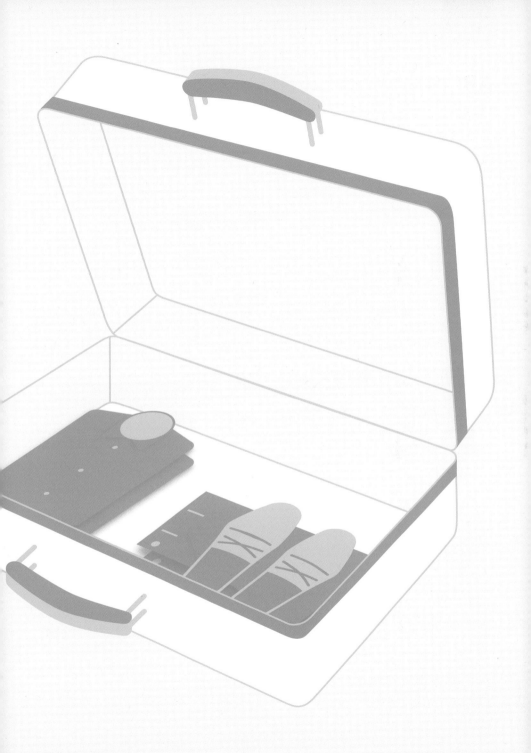

ABORDAR LA DEUDA

Tarjetas de crédito, préstamos personales, descubiertos e incluso el favor que nos haya hecho un amigo. Las deudas pueden acumularse. Con tantas con las que hacer malabarismos, ¿cómo podemos hacerles frente? ¿A cuáles hemos de darle prioridad?

Desde un punto de vista matemático, la respuesta está clara: hágase cargo de todos los reembolsos mínimos y, luego, pague la deuda que tenga los intereses más altos.

Sin embargo, los seres humanos no siempre nos comportamos como deberíamos, y el pago de nuestras deudas no escapa a este hecho. Hay veces en las que incluso si tenemos el dinero disponible (en, por ejemplo, una cuenta de ahorros), no lo usamos para cancelar la deuda, a pesar de que los cargos por intereses conlleve que nos resulte costoso no liquidarla. Otras veces, en lugar de pagar la deuda más grande, pagamos la menor o una parte de cada deuda. Y, en cuanto a las tarjetas de crédito, el hecho de que aparezca de una forma destacada el importe del pago mínimo puede llevarnos a reembolsar menos saldo del balance de lo que, de no ser así, tal vez podríamos reembolsar. Analicemos cada caso uno a uno.

Co-holding

Tener ahorros y deudas puede resultar costoso, ya que el interés que nos reporten los ahorros es casi siempre más bajo que el que se nos cobra por la deuda. En otras palabras: la deuda nos cuesta más y crecerá más rápido que el beneficio de los ahorros. Los economistas llaman *co-holding* a tener deuda y suficientes activos líquidos, a pesar del gasto que conlleva; unos estudios realizados en Estados Unidos y el Reino Unido han demostrado que es esto justamente lo que mucha gente hace. Los economistas conductuales John Gathergood y Joerg Weber descubrieron que en torno al 12 % de los hogares encuestados en el Reino Unido practican el *co-holding*, lo que les hace tener unas 650 libras de intereses anuales adicionales. Tenga en cuenta que se trata de un coste extra absolutamente innecesario, ya que podría haberse empleado el dinero para pagar la deuda y, así, lo habrían evitado.

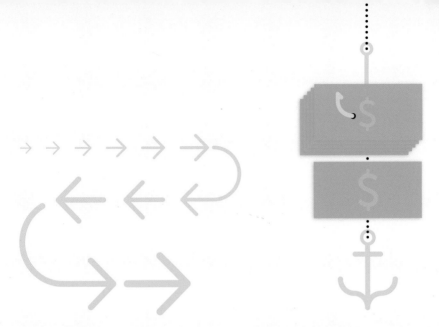

Pagar la deuda

Al pagar nuestra deuda, en lugar de centrarnos primero en la más cara, solemos adoptar otros enfoques. Por ejemplo, los investigadores han descubierto que hay quienes pagan primero las deudas de menor valor, con independencia de su tasa de interés, en, al parecer, un esfuerzo por reducir el número de deudas pendientes. Este enfoque, a veces llamado «efecto bola de nieve», hace que, aquellos con varias deudas, aunque pueden estar racionalizando el número de cuentas, no están pagando su deuda total lo más rápido posible, por lo que pueden incurrir en cargos por intereses innecesarios debido a esa ineficiencia.

Entre otras opciones se incluyen: el pago de la deuda que tenga el límite de crédito más bajo para, así, mitigar el riesgo de excederlo, o el de la que tenga el crédito más alto con objeto de «crear espacio» para una gran compra futura; otro enfoque es pagar el mismo porcentaje de todas las deudas. Otra posibilidad también es utilizar un planteamiento combinado equilibrado que pasa por pagar las deudas de las tarjetas de crédito en la misma proporción que los saldos.

Enganchados al mínimo

Piense en el extracto habitual de su tarjeta de crédito. Por lo general, el balance total y el pago mínimo destacan como una información importante, por lo que captan nuestra atención. El científico conductual Neil Stewart ha descubierto que hay personas que se quedan ancladas (*véase* la lección 4), o mentalmente enganchadas, a la cantidad del pago mínimo. Dado que se trata de una cuantía relativamente baja, nos lleva a devolver menos de lo que podríamos, por lo que, a la larga, se producen mayores cargos por intereses.

Cada estrategia de devolución de la deuda tiene sus ventajas. Algunas presentan beneficios económicos, mientras que otras comportan beneficios motivacionales.

¿MÁS FÁCIL O MÁS BARATO?

¿Nos reporta algún beneficio pagar nuestras
deudas de estas formas heterodoxas? ¿Acaso
todos estos enfoques no son más que «errores»?

Co-holding

Los que practican el *co-holding* no son tontos;
Gathergood y Weber descubrieron que quienes
formaron parte de su estudio eran personas con
conocimientos económicos y un alto nivel de
educación. Sin embargo, dedujeron que algunos
practicantes del *co-holding* tenían una impulsividad
al gastar superior a la media. Por lo tanto, en lugar
de tratarse de un error, hay personas que tal vez
estén practicando el *co-holding* como una forma
de moderar su propia impulsividad. Algunos pueden
mantener los ahorros intactos a propósito porque
una vez que se abra la alcancía (metafórica o real),
les resultaría demasiado fácil gastarlo todo. El alto
coste de los préstamos puede ser muy beneficioso
en este caso, ya que es un elemento disuasivo
especialmente doloroso contra el gasto impulsivo.

Por supuesto, incluso sin esta ayuda conductual,
puede haber buenas razones para retener algunos
ahorros líquidos como medida de precaución. Dado
que algunos gastos no se pueden pagar con tarjeta
de crédito, merece la pena tener un fácil acceso
al efectivo para estos momentos.

Si practica el *co-holding*, estudie cuál es
el nivel de ahorros preventivos que le vaya bien,
y reflexione si le merece la pena el coste para
mantener su impulsividad bajo control. De ser
así, mantener un balance de activos líquidos a pesar
de tener una deuda costosa tal vez sea lo apropiado.
También puede ver de qué otros dispositivos
de compromiso podría valerse a fin de contener
el gasto impulsivo para, así, evitar el doloroso
aumento de los cargos por intereses.

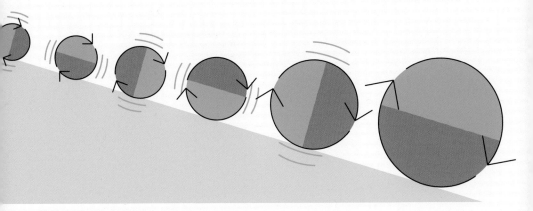

El efecto bola de nieve

¿Por qué hace la gente una «bola de nieve» con el pago de su deuda, pagando primero la deuda más pequeña? Tal vez se deba a que no entiendan los costes en toda su extensión y a que subestimen el efecto del interés compuesto. Después de que el investigador Moty Amar y sus colaboradores les enseñaran a los participantes del estudio los cargos por intereses en dólares (en lugar de solo porcentajes) incurridos durante el curso de la deuda, estos mostraron una mayor propensión a comenzar a pagar las deudas que tuvieran los cargos más altos.

Hacer una bola de nieve, aunque financieramente sea ineficiente, puede tener ciertos beneficios psicológicos y cognitivos. A algunas personas les puede resultar más motivador segmentar una meta más grande y abstracta (como la de verse libre de deudas) en metas concretas más pequeñas, que una vez alcanzadas (como liquidar una tarjeta de crédito en particular) resulta más fácil avanzar hacia la más grande. Disminuir el número de deudas puede conllevar beneficios cognitivos al reducir la necesidad de llevar un registro de múltiples estructuras de pago y fechas de vencimiento. Limitar la complejidad puede dejarnos más ancho de banda mental libre, el cual podría emplearse en otras tareas económicas de un modo eficiente.

Primero, comprenda las condiciones

El primer paso debe ser la revisión de los términos y condiciones de los costes y del pago de su deuda para asegurarse de entenderlos. Considere calcular lo que significan los porcentajes en términos de dinero real para asegurarse de apreciar el verdadero coste del préstamo. Lo principal es comprender cuánto está devolviendo (la cuantía original que le prestaron) y cuánto corresponde al coste del préstamo.

El mensaje con el que se tiene que quedar es que, si quiere que las matemáticas estén de su lado, su mejor apuesta puede ser la de pagar primero la deuda más cara. Si todas tienen la misma tasa, o si pugna con la motivación al pagar sus deudas, la bola de nieve puede ser lo que le convenga.

HERRAMIENTAS

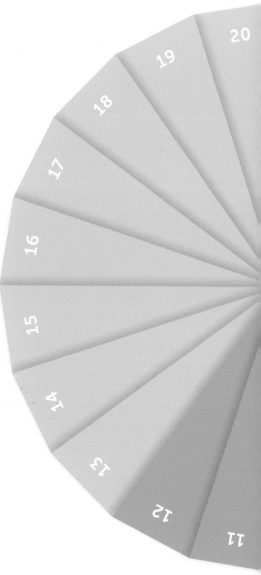

09

La suerte desempeña un papel más importante
en el éxito de lo que tendemos a apreciar,
posiblemente porque sea más fácil creer que
nuestro éxito se debe a nuestras propias acciones.
Cree situaciones en las que, si tiene suerte,
se vea en una buena posición para hacer
el mejor uso de ella.

10

El optimismo tiene importantes beneficios, desde
el de motivarnos a levantarnos de la cama por la
mañana hasta el de ayudarnos a ejercer la fuerza
de voluntad necesaria para resistir la tentación al
servicio de un mejor resultado en el futuro. Pero
el optimismo también puede tener una desventaja
cuando no podemos anticipar los sucesos adversos
—tales como la pérdida de nuestro trabajo, que
nos roben o el aumento de los gastos futuros—,
lo que nos deja desprevenidos. Aunque no
podamos predecir el futuro, sí que podemos
elegir el contexto en el que se basen nuestros
planes financieros. El análisis *pre mortem*
nos permite reflexionar sobre qué podría salirnos
mal y cómo evitarlo. Disponer de una reserva
de ahorros para emergencias puede ayudarnos.

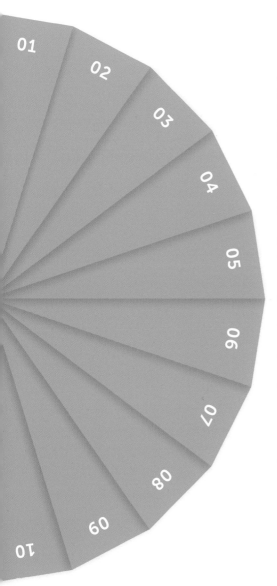

11

El no tener el suficiente dinero puede perpetuar la situación de escasez. Por el lado positivo, tener restricciones puede centrar la mente, pero por el lado negativo, los malabarismos con los recursos resultan muy exigentes desde el punto de vista cognitivo, y ello en el espacio mental desplaza la capacidad decisoria en nuestro propio interés. Las organizaciones pueden y deben simplificar sus procesos para ayudarnos a concentrarnos en las decisiones económicas críticas.

12

Son muchas las personas que recurren a las tarjetas de crédito y a otras deudas a corto plazo en las épocas de vacas flacas. Cuando se tienen varias deudas, el orden en el que se cancelan estas puede ejercer una gran influencia en el interés total que acabemos pagando; los enfoques ineficientes de pago de la deuda pueden resultarnos caros. Parece paradójico tener deudas y ahorros (¿por qué no usar los ahorros para pagar la deuda?), pero puede ejercer beneficios preventivos (acceso a la liquidez) y psicológicos (control de los impulsos).

PARA APRENDER MÁS

LECTURAS

*Success and Luck: Good Fortune
and the Myth of Meritocracy*
Robert Frank (Princeton University Press, 2016)

Escasez: ¿por qué tener poco significa tanto?
Sendhil Mullainathan y Eldar Shafir
(Fondo de Cultura Económica, México, 2016)

AUDIOS

«You Need an Emergency Fund»
Podcast de The Pineapple Project
abc.net.au

AUDIOVISUALES

«The Optimism Bias»
Tali Sharot
TED Talk

«Living Under Scarcity»
Eldar Shafir
TED Talk

OTROS MATERIALES

The Invisible Gorilla
Ponga a prueba su propia atención.
theinvisiblegorilla.com/videos.html

«Years You Have Left to Live, Probably»
Eche un vistazo a esta tabla interactiva
de esperanza de vida si quiere una
dosis de realismo.
flowingdata.com/2015/09/23/years-you-
have-left-to-live-probably

PLANES A LARGO PLAZO

LECCIONES

La planificación a largo plazo resulta crucial y compleja. A menudo implica hacer compensaciones e inversiones para obtener rendimientos inciertos.

Cuando piensa en su futuro, ¿qué ve? En la vida deben tomarse una serie de grandes decisiones que hay que tener en cuenta cuando se planifica a largo plazo. Vivienda, relaciones, familia, sustento de otros, educación y perfeccionamiento, viajes y demás aventuras, trabajo, desarrollo personal y jubilación, por nombrar solo algunas. Aunque el dinero no sea el único factor importante en estas decisiones, la cuestión sobre cómo obtener la financiación necesaria siempre forma parte de la ecuación.

Entonces, ¿cómo piensa financiar su futuro?

Aviso de *spoiler*: lo más probable es que no gane la lotería. Lo siento. Yo tampoco la ganaré. En cualquier caso, puede resultar divertido soñar, y en esta sección explicaremos por qué les tienta a tantos participar.

Ganemos o no la lotería, lo más probable es que al final nos jubilemos, por lo que resulta prudente prepararse para ello. Al hablar con amigos, me da la sensación de que, aunque ninguno nos sentimos mayores, sabemos que ya no somos jóvenes y que hemos esperado demasiado para empezar a ahorrar para la jubilación. Y hay mucha más gente en el mismo barco. Esto puede deberse a que cuando algo se percibe psicológicamente como lejano, puede que no nos sirva de motivación para tomar cartas en el asunto. Así, ese buen propósito de poner en marcha un plan de ahorros para la jubilación «algún día» acaba por aplazarse perpetuamente.

Si bien existe una serie de estrategias que pueden utilizarse para ayudarnos a ponernos en marcha, el sistema también podría estar mejor diseñado en varios puntos. Es decir, los gobiernos y los empleadores podrían diseñar estructuras que dependieran menos de nuestras buenas intenciones y más de cómo es realmente la naturaleza humana. Los científicos conductuales llaman a esta estructura «arquitectura de la elección» de las experiencias. Cuando cambia, también suele hacerlo nuestro posterior comportamiento. En concreto, en esta sección aprenderemos qué pueden hacer los empleadores para ayudarnos a ahorrar más para nuestra futura jubilación.

Una característica curiosa de muchas decisiones importantes es que tienen consecuencias a largo plazo, por lo que resulta difícil saber de inmediato si hemos hecho una buena elección. A menudo debemos hacer algún tipo de sacrificio inmediato o de inversión para obtener beneficios que solo se incrementan en algún momento en el futuro. Así que cuando pensamos en las compensaciones entre el presente y el futuro, resulta relevante hasta qué punto disfrutamos de una cierta fiabilidad en nuestra vida. Después de todo, los sacrificios inmediatos son reales, mientras que las ganancias futuras son meramente esperables, y en un ambiente poco confiable resulta aún menos seguro que estas se materialicen.

Este tipo de compensaciones entre el presente y el futuro es característico de la planificación a largo plazo, por lo que comprender mejor cómo examinamos este componente del bienestar económico es crucial para ayudarnos a construir el futuro económico que esperemos.

JUGAR A LA LOTERÍA

En agosto de 2017, una mujer de una pequeña ciudad del Reino Unido ganó una casa de campo de seis habitaciones por valor de 845 000 libras tras haber adquirido boletos de lotería por un valor de 40 libras. Esa misma semana, una mujer de Estados Unidos ganó los 758 700 000 dólares del premio gordo de Powerball.

Aunque cuesta imaginarse semejante cantidad de billetes, conjeturar sobre el estilo de vida que llevaríamos con tales fortunas es un divertido experimento mental. Podría decirse que comprar un boleto de lotería equivale a pagar por la oportunidad de soñar. En cambio, las probabilidades de ganar son ínfimas; entonces, ¿para qué jugar a la lotería?

La investigación realizada por el psicólogo Daniel Kahneman y su difunto colaborador Amos Tversky demuestra que tendemos a darle un peso excesivo a las pequeñas probabilidades.

Cuando las posibilidades son del 100 % o del 0 %, sabemos a ciencia cierta si algo pasará o no. Hasta aquí nada raro. Sin embargo, cuando las posibilidades están un poco por debajo del 100 % o un poco por arriba del 0 %, nos cuesta reconocer cuán cerca están de la certidumbre. Tal vez, solo tal vez, seamos la excepción a la regla y formemos parte de ese 0,000001 % o de otro porcentaje de parecida improbabilidad.

Curiosamente, una vez que compramos un boleto de lotería, se dan otros fenómenos psicológicos que nos llevan a querer conservar ese boleto en particular. La mayoría de la gente no le vendería su boleto a otra persona, ni siquiera por más dinero. Parte de esto tiene que ver con el hecho de que una vez que poseemos algo, nos sentimos más apegados a ello, y, por lo tanto, tendemos a esperar más dinero de lo que pagamos por él. En términos económicos,

nuestra disposición a aceptar sobrepasa a la de pagar. Si fuéramos «racionales» —es decir, si todos nos comportásemos según nos describen las muchas teorías económicas tradicionales—, no tendría sentido exigir más dinero por algo de lo que estamos dispuestos a pagar (más cualquier coste de transacción en el que incurramos) por ello. Pero no lo somos. Somos humanos. Y una vez que algo es nuestro, tendemos a valorarlo subjetivamente como más valioso que cuando no nos pertenecía.

Otra razón por la que nos inclinamos a querer conservar nuestros boletos de lotería es como medida preventiva para evitar futuros arrepentimientos. El arrepentimiento es una sensación incómoda, por lo que está en nuestra naturaleza tratar de evitarlo, incluso a un nivel inconsciente. Marcel Zeelenberg y Rik Pieters descubrieron que la gente espera sentirse más arrepentida por no haber jugado a una lotería en la que sabe que podría haber ganado, por ejemplo, si su código postal resulta ser la combinación ganadora. En el contexto de la lotería tradicional, donde escogemos los números o nos los dan al azar, no podemos saber si habríamos ganado, a menos, por supuesto, que siempre escojamos el mismo conjunto de números (nuestra combinación de la suerte) o que formemos parte de una peña.

Piense en el informático de Nueva York que en 2011 dejó pasar la lotería de la oficina una semana, la misma en la que sus colegas ganaron un premio gordo de 319 millones de dólares, lo que significa que perdió un total de 16 millones de dólares. Debe seguir tirándose de los pelos ahora mismo. Nadie quiere sentirse así. Así que, si alguien nos ofreciera comprarnos nuestros boletos, es poco probable que muchos de nosotros accediéramos.

PAGAR POR SOÑAR

Sería hipócrita sugerir que nadie compre nunca boletos de lotería, porque a mí me gusta jugar a la lotería de vez en cuando.

Por una parte, hay muchas razones que indican que es una mala idea. Dependiendo de la lotería, las probabilidades son tan infinitesimales que, si lo pensamos con frialdad, resulta ridículo pensar que tenga sentido comprar un boleto. Aunque conocer las probabilidades de ganar es un detalle aburrido que le quita algo de emoción a la compra del boleto, podría ayudarnos a reforzar la idea de que es casi seguro que no vamos a ganar.

Y si sí ganáramos, no está claro que el cambio en el estilo de vida realmente tuviera un efecto persistente a largo plazo en nuestros niveles de felicidad. Como hemos visto en la lección 3, tendemos a esperar que un acontecimiento individual tenga un efecto desmesurado en nuestra felicidad futura y a ignorar los muchos otros factores que competirán por nuestra atención.

En lugar de gastar 2 libras en un boleto semanal, podemos transferir ese dinero automáticamente a una cuenta de ahorro. Incluso asumiendo un tipo de interés del 0 %, al final del año esas 104 libras podrían resultarnos un regalo, no uno de 700 millones de dólares que nos cambie la vida, pero algo divertido en cualquier caso. Guárdelas en una cuenta para transferirlas al año siguiente con un interés compuesto del 1 %, y en más de 15 años esta cifra ascenderá a 1674 libras. Si la pone en un fondo con una rentabilidad media del 7 %, podría obtener 2613 libras. Por supuesto, tendrá que tener en cuenta los impuestos, las tasas y la inflación, pero, aun así, puede ser la mejor opción en lugar de gastar ese dinero en la lotería.

Por otro lado, siempre y cuando la cantidad que esté pagando sea lo suficientemente baja como para no perjudicar su posición financiera, puede considerarla como el precio a pagar por la comodidad de evitar el arrepentimiento y la alegría de soñar. Quien no arriesga no gana.

LA MENTALIDAD LARGOPLACISTA

¿Qué es mejor? ¿Pájaro en mano o ciento volando? ¿Y qué prefiere, una chuchería ahora o dos luego?

La capacidad de renunciar al placer inmediato en aras de un mayor beneficio en el futuro es una piedra angular de muchos de los grandes desafíos de todos los ámbitos de nuestras vidas. Tenemos que invertir ahora –tanto si eso significa renunciar al gasto, a las calorías, a la comodidad, o al tiempo que pasemos viendo la televisión– para cosechar algunos beneficios en el futuro.

Tradicionalmente, se ha considerado que este comportamiento orientado al futuro es el resultado del autocontrol (*véase* la lección 19). En un estudio ya clásico, el equipo de investigación del psicólogo Walter Mischel le dio a un grupo de niños una nube (u otra chuchería) y les explicó que podían comerse uno en el acto o esperar y comerse dos más tarde. Algunos niños intentaron resistirse a la delicia azucarada, mientras que otros cayeron en la tentación.

En estudios posteriores, se ha demostrado que esta capacidad de postergar la gratificación está relacionada con la obtención de resultados posteriores más adelante en la vida. Aquellos niños que preferían las dos golosinas tendían a obtener mejores resultados en el futuro, tanto en el ámbito económico como en el educativo, pasando por reducidos índices de delincuencia y del uso indebido de sustancias. Así que, como es comprensible, los investigadores han estado tratando de descifrar los secretos del autocontrol dirigido a la obtención de estos beneficios futuros. Pero resulta que el autocontrol es solo uno de los elementos de la ecuación.

¿Qué sucede si no estamos seguros de que la recompensa, las dos chucherías, vaya a materializarse? Entonces el dilema ya no está entre concedernos una pequeña recompensa ahora o una recompensa más grande después, sino en algo bastante diferente: lo que hacemos es elegir entre darnos el gusto ahora y con certidumbre o acogernos a la «posibilidad» de algo mejor en el futuro.

Celeste Kidd y sus colaboradores se propusieron poner a prueba esta cuestión aplicando un cambio al experimento de las chucherías: los investigadores primero les pidieron a los niños que llevaran a cabo una tarea señuelo en la que tenían que decorar un trozo de papel con unos materiales artísticos mediocres que había en la mesa. Les dijeron a todos que un adulto iría a conseguirles unos materiales mejores. Y ahí es donde empezaba el experimento. La investigadora regresó con mejores materiales artísticos para la mitad de los niños, con lo que demostró fiabilidad. Para la otra mitad, regresó con las manos vacías, disculpándose con los niños y diciéndoles que lo habían entendido mal; esto, claro está, demuestra una falta de fiabilidad. Luego, les ofrecieron a todos los niños la posibilidad de comerse una chuchería en el acto o dos luego.

Los resultados son reveladores. Los niños que habían experimentado la falta de fiabilidad esperaron una media de más de 3 minutos antes de comerse la chuchería, y solo 1 de los 14 niños esperó todo el tiempo para obtener las dos. El tiempo medio de espera del otro grupo fue de unos 12 minutos, y la friolera de 9 de los 14 aguantaron para que les dieran las dos chucherías. Esto demuestra que el autocontrol no es el único factor determinante. La confianza en que la investigadora cumpliría su promesa influyó en cómo los niños respondieron al reto.

Así que la respuesta a si es mejor pájaro en mano que ciento volando depende en parte de nuestra confianza en que los pájaros todavía estén ahí cuando vayamos a echarles mano.

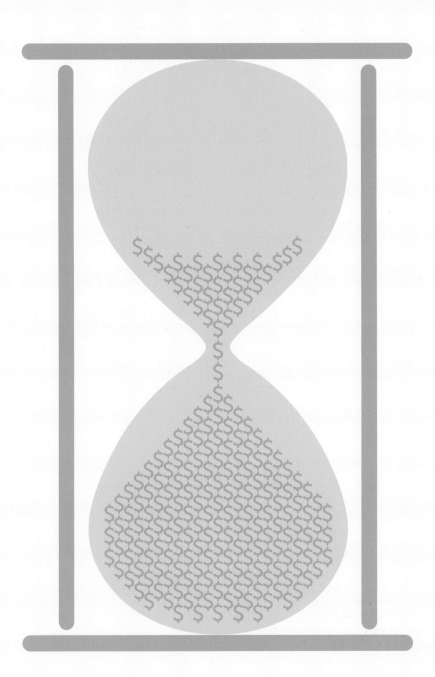

CREAR CONFIANZA

Este nuevo giro en la investigación quizá no debería sorprendernos. Cuando pensamos en nuestras interacciones diarias, es evidente que confiamos en desconocidos cada vez que les entregamos dinero para comprar algo. Tenemos que confiar en que el dinero que le demos al camarero se transformará en un café triple con leche de soja. Esta investigación demuestra que la confianza se vuelve aún más importante cuando el beneficio (la taza de café) no es inmediato, sino que se nos promete para dentro de un cierto tiempo.

Para que consideremos que el comportamiento orientado al futuro redunda en nuestro interés, las personas, las empresas, los empleadores y los gobiernos con los que interactuamos deben ser dignos de nuestra confianza, y la situación debe ser lo suficientemente fiable como para que podamos estar seguros de que realmente se vayan a cumplir las promesas de un mejor resultado en el futuro.

Esto también pone de relieve el círculo vicioso al que puede dar pie la fragilidad económica. No tener suficiente dinero para llegar a fin de mes podría acentuar la falta de fiabilidad y la inestabilidad, lo que, a su vez, promueve el cortoplacismo y dificulta la inclinación a planificar a largo plazo. Si nos cuesta pagar el alquiler cada mes y hay amenaza de desalojo, ¿cómo influye esta falta de fiabilidad y esta inestabilidad en nuestras decisiones? En esta época, caracterizada por los resultados trimestrales,

los objetivos a corto plazo y los ciclos políticos giratorios, la planificación a largo plazo puede verse socavada. Sin embargo, es fundamental que las instituciones económicas e incluso los gobiernos creen confianza y la infundan en sus sistemas. En este sentido, la práctica de muchos bancos de garantizar un cierto nivel de fondos (250 000 dólares en Estados Unidos, 250 000 dólares en Australia y 85 000 libras en el Reino Unido) contribuye a asegurar un mínimo de fiabilidad. Paralelamente, las instituciones económicas harían bien en disponer de la transparencia adecuada para transmitir tranquilidad a los que trabajan al servicio de sus clientes.

Al margen de que las instituciones con las que interactuamos tengan la responsabilidad de inculcarnos una sensación de confianza, podemos adoptar medidas que nos ayuden a tomar decisiones que redunden en nuestro propio interés.

Una de estas pasa por intentar entender los plazos realistas. Pese a que algunas recompensas serán inciertas en cuanto al tamaño y el plazo, comprender mejor el probable beneficio puede ayudarnos a evitar la duda sobre su materialización y, además, a conservar la resistencia necesaria para seguir esperando.

Para fomentar o facilitar el comportamiento de «inversión» a largo plazo de nuestros hijos, colegas o familiares, debemos hacer todo lo posible para crear un entorno en el que puedan confiar y cumplir las promesas de lo que vendrá.

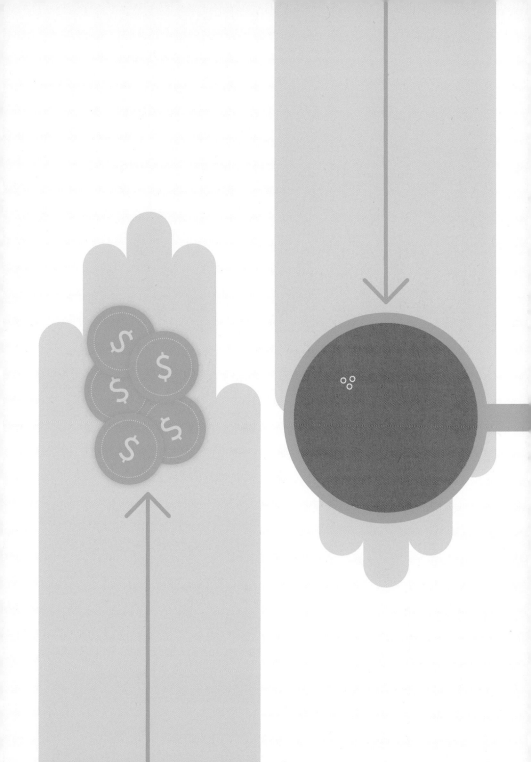

¿CÓMO VA A SU FUTURO

FINANCIAR

?

¿POR QUÉ RESULTA TAN DIFÍCIL PREPARARSE PARA EL FUTURO?

El bienestar económico se parece mucho a la salud. Y si alguna vez se ha saltado una clase de *spinning* para tumbarse en el sofá con una copa de vino y un mal programa de televisión, se dará cuenta de que, si bien la salud física es un objetivo por el que sabemos que debemos luchar, no siempre es fácil convencernos de que queremos dar los pasos necesarios para conseguirlo. Del mismo modo, la salud económica a menudo requiere sacrificios inmediatos para obtener beneficios desconocidos en el futuro.

Tal vez sea por eso por lo que resulta tan poco atractivo prepararnos para el futuro. Como hemos visto en algunas de las lecciones anteriores, a los seres humanos nos preocupa más el «ahora» que el «luego». Construir un futuro económicamente saludable requiere sacrificios ahora, incurrir en el «coste» inmediato del esfuerzo de sentarse a hacer un plan y en los «costes» recurrentes de renunciar a algunos gastos hoy para tener una vida más cómoda más adelante.

Cuando somos relativamente jóvenes, la mayoría de nuestros hitos económicos importantes se encuentran en el futuro y están repletos de preguntas: ¿cómo será el mundo?, ¿qué gastos tendré entonces?, ¿quién más dependerá de mí económicamente?, ¿dónde viviré?, ¿a qué edad dejaré de trabajar?, ¿habré ahorrado lo suficiente para jubilarme cómodamente? Y, de alguna manera, sentimos que es algo que realmente no nos incumbe

a nosotros, sino a una versión más madura y futura de nuestro yo. El hecho de que acontecimientos tales como la compra de una casa o la jubilación puedan percibirse tan lejanos en todas estas dimensiones –temporalmente (está en el futuro), socialmente (no me está sucediendo a mí, me está sucediendo a mí mismo en el futuro) e hipotéticamente (sus implicaciones son inciertas)– ayuda a explicar por qué puede ser difícil planificar en consecuencia.

Si miramos al horizonte, podemos ver algunas formas borrosas, pero si miramos por el microscopio, podemos ver con sumo detalle. Del mismo modo, cuando los acontecimientos están psicológicamente lejos, tendemos a pensar en ellos de una forma más abstracta. Y cuanto más abstractos sean, menos obligados nos sentimos a actuar.

Por el contrario, si los acontecimientos están psicológicamente cerca –ocurren en este momento, aquí mismo–, los percibimos más concretos, con más detalle. Esta interpretación detallada es más propicia para hacer planes y llevarlos a cabo.

Evaluamos los costes y beneficios constantemente. En el caso de la planificación prospectiva, el hecho que de los costes de financiación de nuestro estilo de vida y nuestra jubilación futuros sean inmediatos y claros, pero que los beneficios se den en el futuro y estén poco claros, inclina la balanza a favor de la inercia.

Cuando los acontecimientos están psicológicamente lejos, tendemos a pensar en ellos de una forma más abstracta.

Cuando los acontecimientos están psicológicamente cerca, tendemos a pensar en ellos en términos más concretos.

ESTABLEZCA UNA RELACIÓN CON SU YO FUTURO

Dada esta teoría de los niveles interpretativos, en la cual los acontecimientos psicológicamente lejanos se interpretan a un nivel más abstracto y menos convincente, ¿podemos hacer algo para sentirnos más inclinados a prepararnos económicamente para nuestro futuro?

De entrada, podemos traer lo lejano al aquí y ahora.

Al aumentar la vivacidad de nuestro futuro potencial, podemos cerrar la brecha empática entre nuestro yo actual y nuestro yo futuro. En un experimento, Hal Hershfield y sus colaboradores le pidieron a un grupo de personas que indicasen con cuánto querían contribuir a su fondo de pensiones mediante el uso de una barra de desplazamiento en una pantalla de ordenador. Cuando la persona movía esta barra, una foto suya sonreía o fruncía el ceño en función de la cantidad seleccionada.

Para la mitad de los participantes, la imagen sonreía cuando se destinaba menos dinero al fondo de pensiones, porque permitía utilizar más dinero en la actualidad. Pero, para la otra mitad, se retocó la imagen digitalmente para que se pareciera a la de su futuro yo de 65 años de edad −con el cabello cano y demás−, y, por lo tanto, sonreía cuando la gente decidía contribuir más a su fondo de pensiones. Los investigadores descubrieron que las personas que vieron su imagen envejecida

eligieron contribuir a su futuro con una cantidad notablemente superior que aquellos que vieron su imagen actual.

En un estudio relacionado, los investigadores exploraron cómo la percepción de nuestro yo futuro se relaciona con nuestras opciones sobre las contribuciones a la pensión. Descubrieron que si experimentamos la sensación de tener una relación con nuestro yo futuro, y se nos recuerda nuestra obligación moral de cuidar de él, es probable que ahorremos más (que si simplemente se nos recordara el efecto sobre nuestro propio bienestar en el futuro). Sin embargo, en el caso de las personas que no experimentan esta sensación de relación, no existe una diferencia apreciable en los dos tipos de mensajes sobre los índices de ahorro para el futuro.

Por lo tanto, una buena práctica puede consistir en sentirnos más relacionados con nuestro yo futuro, ya sea con una *selfie* envejecida, una carta para nosotros mismos o una visualización de nuestras futuras compras para la edad de jubilación, y luego recordarnos la responsabilidad que tenemos ahora de cuidar a esa persona en el futuro. Como resumieron el científico conductual Dan Ariely y el coautor Jeff Kreisler, «cuanto más podamos hacer para que el futuro sea definido, vívido, detallado y cercano, más nos preocuparemos por los intereses de nuestro yo futuro y más conectaremos con él».

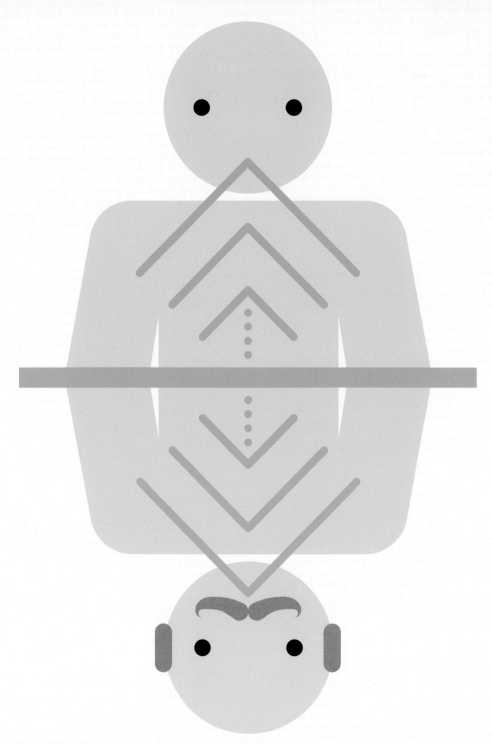

¿SE HA PREPARADO PARA SU JUBILACIÓN?

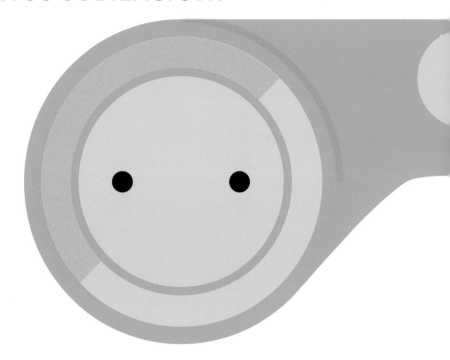

Admitámoslo: la cuestión de la planificación económica para la jubilación suena tremendamente aburrida. Pero, en cierto sentido, resulta de lo más fascinante, ya que, pese a que hay mucho en juego (¿quién querría ser indigente a los 80 años?), muchos de nosotros parecemos ser totalmente indiferentes a hacer gran cosa al respecto. A un nivel superficial, la planificación para la jubilación habría de ser algo sencillo: todos sabemos que ahorrar para la jubilación redunda en nuestro propio beneficio. Sin embargo, son pocas las personas que intentan hacer un plan, y aún menos las que lo llevan a cabo. ¿Por qué?

En casos extremos, hay personas que, sencillamente, no disponen de ninguna holgura en sus finanzas diarias para poder ahorrar para la jubilación. Sin embargo, muchos de los que sí cuentan con ella tampoco se preparan adecuadamente.

Las investigadoras Annamaria Lusardi y Olivia Mitchell descubrieron que solo el 31 % de los estadounidenses a los que encuestaron habían *intentado* trazar un plan de jubilación, y que aquellas personas que estaban menos familiarizadas con conceptos financieros tales como inflación, interés y riesgo, tenían menos probabilidades

de haberlo intentado que las personas más familiarizadas. De ese 31 %, solo en torno a dos terceras partes había desarrollado realmente un plan, y una proporción menor todavía se ceñía a él. En conjunto, las investigadoras descubrieron que solo 1 de cada 5 personas lograron seguir un plan.

Existen muchas razones por las que la mera idea de hacer una planificación puede resultarnos difícil. En la lección 15 vimos cómo aquello que psicológicamente nos parece lejano nos impide actuar. Y ahorrar para la jubilación se percibe como algo lejano en muchos sentidos. Además, la escasez de conocimientos económicos puede hacer qué

muchos dudemos sobre qué opción tomar. Y, además, los beneficios se acumulan solo en el futuro, no para nosotros, sino para nuestro «yo futuro», lo que hace que la planificación de la jubilación sea aún más difícil de imaginar. Así, no es de extrañar que la inercia tenga tanto poder.

Incluso si reunimos la energía necesaria para hacer un plan de jubilación, puede surgir un gasto inesperado que no nos permita ahorrar dinero. Y ahorrar requiere cierto autocontrol. Hostigarnos a nosotros mismos cada mes o ante cada compra a fin de ahorrar para la jubilación sería agotador y socavaría la fuerza de voluntad de cualquiera.

TODOS LOS SISTEMAS EN MARCHA

En lugar de, o además de, confiar en la fuerza de voluntad, hay maneras de diseñar el proceso de ahorro para que no nos consuma tanto esfuerzo.

Hay países que eliminan el esfuerzo de planificar la jubilación mediante planes de pensiones obligatorios. En Australia, por ejemplo, los empleadores deben aportar el 9,5 % del salario de sus empleados a una pensión para cuando se jubilen. Si bien a algunos lectores esto les puede parecer demasiado duro, para otros puede ser una ayuda bienvenida.

En otros países, por ejemplo el Reino Unido, el valor por defecto actual consiste en una contribución de pensión mínima, lo que significa que los empleadores deben ofrecer un plan de pensiones e inscribir automáticamente a los nuevos empleados en el plan, a menos que o hasta que el empleado decida abandonar el plan. Rediseñar el sistema de modo que la gente tenga que optar activamente por no hacerlo aprovecha el poder de la inercia: no se requiere ningún esfuerzo para permanecer en el plan; de hecho, no ahorrar para la jubilación es lo que requiere un cierto esfuerzo.

Los métodos anteriores, que obligan a los trabajadores a recibir pensiones o a inscribirse automáticamente en planes, también eliminan, al menos en parte, la dependencia del conocimiento y la aritmética económicos. Es decir, que estos enfoques no se basan en que seamos genios de las finanzas. Tanto los que aman las matemáticas como los que no tienen las mismas posibilidades de ahorrar con eficacia.

Si bien se ha comprobado que estos enfoques animan a la gente a contribuir a su pensión, ha de hacerse una importante advertencia: el porcentaje real que más le convenga puede diferir del índice establecido por defecto. Así que, antes de darse palmaditas en la espalda por que le hayan empujado a contribuir a su futuro, compruebe que el índice sea apropiado para su caso y considere complementarlo con contribuciones adicionales que se ajusten a su presupuesto.

Una dificultad que se da en este contexto es que tenemos pocas posibilidades, o ninguna, de saber si nuestras elecciones han sido buenas o malas. Algunos de nuestros acontecimientos más importantes (nuestras apuestas más altas) son aquellos que solo se dan una vez, o tal vez unas cuantas veces, o tal vez nunca, en nuestra vida: comprar una casa, formarnos profesionalmente o por vocación, casarnos y jubilarnos. Para cuando averigüemos si hemos adoptado una decisión ineficiente, puede ser demasiado tarde. Aunque en cada caso implica un juicio de valor, dado cuántos de nosotros carecemos de la preparación suficiente, y sabiendo con qué facilidad podemos adaptarnos a nuestra situación actual, parece que la mejor apuesta sería pasarnos de cautos y aumentar nuestros ahorros para la jubilación.

Nuestros empleadores también pueden ayudarnos a ayudarnos a nosotros mismos de otras maneras: por ejemplo, podrían permitirnos, o incluso animarnos, a comprometernos a aumentar nuestras contribuciones con el siguiente aumento salarial. Esto ayudaría porque tomaríamos la decisión por adelantado, antes de tener la oportunidad de perder el dinero. La autoescalada de las cotizaciones de pensiones minimiza esta aversión a la pérdida, porque, en lugar de esta, el compromiso se convierte en una «ganancia a la que renunciamos»: con cada aumento de sueldo, puede que aún tengamos más dinero para gastar, pero no tanto como habríamos tenido de no habernos comprometido. Así, es menos probable que sintamos estar sacrificando el gasto presente.

HERRAMIENTAS

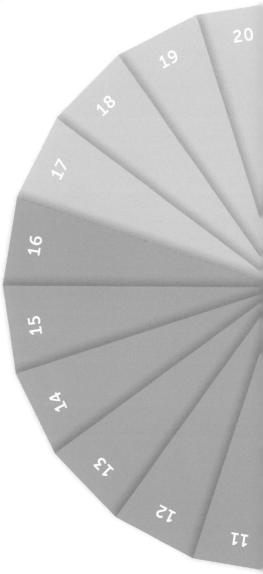

13

Casi puede tener la certeza de que no va a ganar la lotería. Por lo general, sobrestimamos nuestras probabilidades de ganar, pero el coste de un boleto tal vez merezca la pena por la diversión de imaginar un estilo de vida diferente o para evitar el arrepentimiento que sentiríamos si no comprásemos lotería con los compañeros de la oficina.

14

El cortoplacismo juega a la contra del bienestar económico. Sin embargo, no consiste solo en anhelar la gratificación instantánea ni en la falta de autocontrol, sino que también depende de nuestras expectativas sobre el futuro. ¿Por qué postergar la gratificación si existe la posibilidad de que lo que estemos esperando no se materialice? Esto hace que la fiabilidad de una situación y en qué medida podamos confiar en los demás (personas o instituciones) sea importante al fomentar un comportamiento orientado al futuro que mejore los resultados a largo plazo.

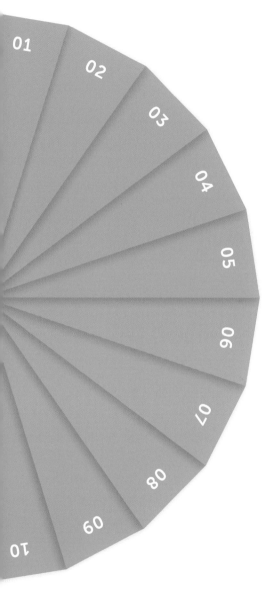

15

Psicológicamente, percibimos la jubilación, y nuestro futuro en general, como algo lejano. Al mismo tiempo, percibimos como algo cercano los sacrificios necesarios para asegurar económicamente nuestro futuro. Es probable que este desajuste −los costes se dan aquí y ahora, mientras que los beneficios no están claros y se darán en el futuro− disminuya nuestra motivación para trazar un plan. Podemos aumentar nuestra motivación transformando los beneficios futuros, poco claros, en beneficios inmediatos y claros. Para ayudarse a ahorrar más, entre en contacto con su «yo futuro».

16

No hay suficientes personas preparadas económicamente para la jubilación. Dado que los costes se dan por adelantado y los beneficios de las pensiones se postergan, nuestra postura sobre el presente hace que resulte poco atractivo dejar de gastar ahora para ahorrar para el futuro. La forma en que se diseñen las pensiones puede ayudar a mitigar esta reticencia Hay una serie de medidas que los empleadores pueden adoptar para facilitar la planificación de la jubilación, como permitirnos comprometernos previamente a aumentar nuestras contribuciones. Así que pregúntele a su empleador qué puede hacer para ayudarle a preparar su futuro.

PARA APRENDER MÁS

LECTURAS

Nudge: Improving decisions about health, wealth and happiness
Richard Thaler y Cass Sunstein
(Penguin, 2009)

«Save more tomorrow™: Using behavioral economics to increase employee saving»,
R. H. Thaler y S. Benartzi, *Journal of Political Economy*, 112(S1), S164-S187 (2004)

AUDIOVISUALES

«The battle between your present and future self»
Daniel Goldstein
TED Talk

«We tested an economic theory by trying to buy people's Powerball tickets for much more than they paid»
Business Insider pone a prueba la idea de evitar el arrepentimiento en el caso de personas que tienen boletos de lotería.
businessinsider.com.au

OTROS MATERIALES

«The Marshmallow Study Revisited»
Obtenga más información sobre la prueba de las chucherías revisada en una entrevista con los investigadores y un vídeo de acompañamiento.
rochester.edu/news

EXPERIMENTOS

Envejézcase (digitalmente)
Descárguese una aplicación que sirva para transformar fotografías; ver una versión envejecida de nosotros mismos puede ayudarnos.

MEJOR CON DINERO

LECCIONES

Aunque sabemos que tener dinero *per se* no nos hace felices, sí que nos brinda oportunidades para disfrutar de experiencias valiosas.

En las tres secciones anteriores hemos visto que los componentes clave para disfrutar de bienestar económico son cubrir las necesidades básicas, contar con ahorros para los imprevistos y saber planificar a largo plazo.

Tal vez sea más fácil decirlo que hacerlo. En esta sección exploraremos cómo marcarnos objetivos para alcanzar esas metas, el papel de la fuerza de voluntad y algunas técnicas para mantener el rumbo.

Con estas buenas intenciones y nuevas estrategias, tal vez llegue a sentir como si el horizonte estuviera despejado, y merece la pena reflexionar sobre lo que sucede a medida que comenzamos a construir nuestro bienestar económico. Los cambios en el estilo de vida llegan a ser la normalidad a medida que nos adaptamos a ellos. La clave no es perseguir la riqueza solo para aclimatarnos y buscar más; de lo que se trata es de desarrollar una cierta seguridad económica porque el dinero nos da opciones que, de otra manera, podrían no estar disponibles.

El hecho de tener una cierta holgura económica no solo nos permite afrontar las emergencias en las épocas de vacas flacas sin tener que recurrir a costosos endeudamientos, sino también perseguir sueños que van más allá de las necesidades básicas. El dinero, por ejemplo, puede ayudarnos a mejorar nuestras habilidades o a reciclarnos para emprender una carrera diferente, o quizá nos sirva como el capital inicial necesario para llevar adelante esa gran idea de negocio. El hecho de no sentirnos estresados por el dinero también puede hacer que otras áreas de la vida se vuelvan más manejables.

El bienestar económico no consiste solo en escatimar, ahorrar y sacrificarse. Entonces, ¿qué hacer cuando sentimos que estamos en un lugar cómodo para gastar? Aunque sabemos que tener dinero *per se* no nos hace felices, sí que nos brinda oportunidades para disfrutar de experiencias valiosas. Así pues, en esta sección también exploraremos la parte lúdica de gastarlo. Después de todo, ¡todos tenemos que vivir un poco!

¿NO PUEDE SEGUIR EL RITMO?

Los seres humanos somos criaturas resistentes, y también bastante adaptables. Esto puede sernos de utilidad cuando nos sucede algo negativo, pero si esperamos que algo positivo nos traiga la felicidad, esta adaptación puede hacer que estemos siempre persiguiendo otros objetivos.

Al acostumbrarnos a las nuevas circunstancias, se produce una modificación de nuestro punto de referencia. Así pues, si volviéramos a nuestro nivel original de consumo, podríamos sentirlo como una pérdida y estas nos disgustan; de hecho, experimentamos el dolor de una pérdida con mayor intensidad que el placer de una ganancia equivalente: a este concepto se le conoce como «aversión a la pérdida».

Supongamos que, por ejemplo, está acostumbrado a comerse un cucurucho de helado al año. Por lo general, su punto de referencia será el cero, y ese helado anual le dará una gran dosis de felicidad. Imagínese que entonces abren una heladería junto a su casa. Su consumo de helados

se dispara hasta ser de uno al día. Al principio es algo maravilloso, pero, luego se vuelve... cotidiano. Y el día en el que no se toma un helado, le da la sensación de estar haciendo un gran sacrificio. Dado que su nueva normalidad es la de un helado al día, se toma uno de dos bolas cuando se quiere dar un capricho. Y luego, una vez que se ha adaptado a las dos bolas, necesita caramelo caliente y un cucurucho bañado en chocolate y cubierto de frutos secos para poder pasar de la normalidad a la complacencia. Y así hasta el infinito...

La adaptación hedonista

El problema es el esfuerzo interminable por lograr cada vez más con el único objetivo de tratar de mantener el nivel de felicidad extra al que nos hemos acostumbrado. Los psicólogos llaman a esto «adaptación hedonista» o «cinta de correr hedonista». Esto significa que puede que la compra de artículos no nos esté proporcionando tanta felicidad a largo plazo como esperábamos. Es fácil

compararnos con los que parecen estar en una mejor situación económica que nosotros. Esta comparación social ascendente nos conduce a una «carrera armamentista» posicional que nos lleva a acumular cada vez más cosas en un esfuerzo para elevar nuestra posición sobre la de nuestros amigos y vecinos, los cuales después compran más cosas para elevar su propia posición con relación a la nuestra. El economista Robert Frank explica que, a nivel individual, podemos sentirnos mejor cuando compramos un automóvil más caro que el de nuestro vecino porque alcanzamos un estatus más elevado, pero, a nivel social, es un juego de suma cero. Cuando una persona salta sobre otra para alcanzar un mayor rango, hay otra persona que, a la fuerza, pierde el lugar que tenía en el escalafón, así que, a nivel global, como sociedad, no se produce ninguna mejora en cuanto a felicidad.

Por supuesto hasta qué punto somos vulnerables a la adaptación hedonista dependerá en cierta medida de las diferencias individuales,
de nuestros temperamentos y de los acontecimientos que se produzcan. Se dan casos en los que, en lugar de adaptarnos, podemos incluso sensibilizarnos; es decir, que la continuación de algo puede acentuar (en lugar de atenuar) la cantidad de placer o dolor que conlleve.

La clave, sin embargo, no es generar una fórmula matemática de cuándo y dónde comenzará a disiparse el impacto hedonista de una compra en particular, sino, más bien, destacar que es probable que la felicidad que nos produce una compra esté en su punto álgido al principio: hay muchas posibilidades de que se desvanezca después de la compra a medida que vaya cambiando nuestro punto de referencia. Saber esto puede llegar a plantear la cuestión de si realmente la compra ha merecido la pena. Si le parece difícil o poco probable mantenerse al día, incluso con sus propias expectativas, consuélese sabiendo que no es la única persona a la que le sucede. La cinta de correr hedonista hace que corramos para no llegar a ningún lugar.

ACOSTUMBRARSE A LA BUENA VIDA

¿Qué enseñanza se puede extraer de la adaptación hedonista? Es otro vínculo entre nuestro comportamiento y nuestra relación con el dinero. Si la adaptación hedonista significa que estamos luchando constantemente para lograr más con lo que alimentar nuestra adaptación ascendente, sí que hay algunas lecciones que aprender.

¿Se volverá más fácil?

Puede ser tentador posponer ciertas tareas económicas, tales como pagar la deuda, ahorrar para la jubilación o trabajar a fin de lograr un depósito ahora con la expectativa de que será más fácil hacerlo más adelante en la vida cuando, potencialmente, gane más dinero. Pero esto puede dejarnos en una posición de vulnerabilidad. En primer lugar, no hay garantía de que vaya a ganar

más dinero más adelante. E incluso si gana más en un momento futuro, cuando se dé cuenta —si es que se da—, probablemente ya se habrá acostumbrado a su nivel de vida, por lo que ahorrar también le resultará doloroso.

Expectativas realistas

Si somos presa de la adaptación hedonista, mantener un estado de felicidad dado implicará que tengamos que mejorar nuestras circunstancias con el tiempo. Esto puede lograrse de muchas maneras, y no solo materialmente. Pero, en la medida en que también querrá mejoras materiales, deberá incorporarlo en los planes a largo plazo. En la práctica esto significa que si gasta una cantidad X este año, tendrá que disponer de una cantidad superior a X en el presupuesto del año siguiente.

Disminuir la velocidad de la cinta de correr

Otro enfoque sería el de tratar de bajarse de la cinta de correr o, al menos, hacer que esta vaya más despacio. Para ello, al elegir objetos o experiencias, podemos seleccionar aquellos a los que no nos adaptamos tan fácilmente. Por ejemplo, la novedad (algo es nuevo para nosotros) y la variabilidad (es diferente cada vez, como una clase de gimnasia o una suscripción a una revista) parecen ralentizar la adaptación, y de manera similar, extender el tiempo entre un acontecimiento repetitivo también puede ayudar. Cuando el helado es diario, resulta rutinario; cuando es mensual, se convierte en una delicia.

Entonces, ¿qué *nos aporta* una felicidad duradera? Existen cientos de libros, páginas web y organizaciones dedicados a esta cuestión. Cultivar las relaciones sociales, hacer más ejercicio, encontrar un significado o dar con un propósito y pasar tiempo apreciando la naturaleza son temas recurrentes.

Estar económicamente sanos no hace que ninguna de estas estrategias se dé por arte de magia. Pero si se tiene un mayor bienestar económico, la ausencia de estrés y de tensión por no tener suficiente dinero puede ayudarnos a centrarnos en desarrollar estas estrategias en nuestra vida.

La cinta de correr hedonista hace que corramos para no llegar a ningún lugar.

FIJARSE OBJETIVOS

Tal vez sea el de comprase un yate. Acaso jubilarse a los 50. O quizá se limite a llegar a fin de mes sin provocar ningún descubierto. Aunque la mayoría de nosotros tenemos objetivos económicos, su alcance, escala y la medida en que estén claramente definidos —incluso en nuestras propias mentes— varían de una persona a otra.

Cuando nos fijamos objetivos específicos y con una cierta dificultad, es probable que lo hagamos mejor que si nos limitamos a seguir una ambición más vaga de «hacer lo mejor que podamos». Nuestro compromiso con un objetivo determinado depende de su valor (cuán importante sea para nosotros) y de lo alcanzable que resulte. Si nos fijamos en el anterior ejemplo de la jubilación, el objetivo podría haberse concretado más si se hubiera destinado una cantidad específica de dinero al año. El valor, o la razón por la que es importante y relevante para nosotros, puede ser el de escapar de la rutina diaria y, por ejemplo, dedicarnos a tallar cucharas de madera.

¿Cómo sabemos hasta qué punto es alcanzable el objetivo? Dependerá de la dificultad que conlleve. Si es demasiado fácil, nos aburrirá; si resulta demasiado complicado, nos provocará ansiedad. También dependerá de nuestra autoeficacia, es decir, de la creencia en nuestra propia capacidad de hacer lo que nos hayamos propuesto hacer.

Asegurarnos de que el objetivo tenga un límite de tiempo nos ayuda a evitar caer en la inercia o en la procrastinación durante demasiado tiempo. También es crucial recibir retroalimentación que nos permita conocer nuestro progreso. Después de todo, si no sabemos si vamos por el buen camino, ¿cómo podemos corregir la trayectoria?

Con toda esta charla sobre los objetivos, es posible que caiga en la tentación de fijarse una gran cantidad de estos a la vez. Dilip Soman, científico conductual y profesor de la University of Toronto, y sus colaboradores han descubierto que fijarnos un único objetivo claro puede resultar más efectivo que marcarnos muchos. La idea es que cuando tratemos de alcanzar un objetivo, pensemos primero en el objetivo en sí y, luego en cómo alcanzarlo. En la práctica, podría ser pensar en el objetivo de ahorrar 400 libras para un viaje a París, y luego que la forma de hacerlo pasa por llevar el almuerzo preparado al trabajo. De acuerdo con la investigación, querer cumplir varios objetivos puede hacer que empleemos demasiado esfuerzo mental para decidir qué objetivo abordar (por ejemplo, ahorrar para las tan necesarias vacaciones, para la jubilación o para un vehículo nuevo) y no dar el siguiente paso, que es el que nos permite determinar cómo alcanzar el objetivo.

LOS «OBJETIVOS RICITOS DE ORO»

Una buena apuesta es fijar un objetivo económico adecuado, como haría Ricitos de Oro, a la que no le gustaba la sopa ni demasiado fría ni demasiado caliente.

Por lo tanto, cuando se fije objetivos económicos, deben ser específicos, sin profundizar demasiado en los detalles de una compleja jerarquización de subobjetivos. Deben ser difíciles como para que merezcan la pena, pero no tanto como para que nos parezcan inalcanzables. Deberíamos recibir una adecuada retroalimentación que nos mantenga motivados y por el buen camino, y que evite que un pequeño desvío se perciba como un completo fracaso.

Con un objetivo que resulte el adecuado, ni demasiado fácil ni difícil, ¿qué debemos tener en cuenta mientras trabajamos para lograrlo? Las investigaciones sugieren que pueden darse ciertos efectos secundarios que hay que tener en cuenta.

Controle los riesgos que asuma

Fijarnos un objetivo puede cambiar nuestro punto de referencia: en lugar de pensar en la vida tal como sea ahora, podemos empezar a pensar en cómo será cuando se alcance ese objetivo. Si ese es el caso, puede darnos la sensación de estar siempre en el «dominio de las pérdidas», como dirían los economistas. Es decir, sentimos que nos estamos quedando atrás e intentando alcanzar nuestro objetivo. Y, cuando nos vemos en este terreno, tendemos a asumir más riesgos de lo normal. Por lo tanto, al perseguir un objetivo, reflexione sobre si su comportamiento es un poco más arriesgado de lo habitual y hasta qué punto se siente cómodo con ello.

Contemple las acciones como un compromiso con el objetivo

Los psicólogos Ayelet Fishbach y Ravi Dhar explican que la manera en que interpretamos nuestras acciones con relación a la meta influye en el comportamiento que adoptemos después. Si, al llevar a cabo una acción, sentimos que hemos progresado, podemos llegar a darnos permiso para bajar el ritmo, lo que puede hacernos perder el rumbo. Para evitarlo, puede sernos de utilidad redefinir nuestro paso más detenidamente a modo de fortalecimiento de nuestro compromiso original con el objetivo en lugar de como un progreso estricto.

No pierda de vista el panorama general

Al vernos demasiado absortos en un objetivo, podemos llegar a perder perspectiva. Sí, por ejemplo, nos centramos en el objetivo de ahorrar 100 libras al mes, podríamos recurrir a un préstamo para cubrir un gasto inesperado, el cual podría haberse liquidado con la cantidad ahorrada, una opción costosa cuando se compara el coste del préstamo con el muy bajo interés que proporcionan los ahorros.

¿Qué más puede ayudarnos a ceñirnos a nuestros «objetivos Ricitos de Oro»? Todos hemos visto cómo disminuye el entusiasmo de los propósitos de Año Nuevo para cuando llega el día de San Valentín. Así que en la siguiente lección, nos sumergiremos en la ciencia de la fuerza de voluntad para descubrir algunas técnicas que pueden ayudarnos a ceñirnos a nuestros nuevos e importantes objetivos económicos específicos.

GESTIONAR ES MÁS QUE ES GASTARLO

EL DINERO AHORRAR: BIEN.

LA FUERZA DE VOLUNTAD

La fuerza de voluntad es un concepto que, si bien por una parte resulta de lo más frecuente, también es sumamente extraordinario. En lo tocante al dinero, el papel de la fuerza de voluntad es evidente. En un momento u otro, la mayoría habremos de recurrir a nuestras reservas de autocontrol para anular los impulsos y la tentación. Esta última puede diferir entre una persona y otra, y depende de nuestra situación económica actual.

Para los que tienden a estar en el extremo despilfarrador del espectro, resistirse al gasto innecesario es un desafío obvio. Para otros, la fuerza de voluntad es necesaria para evitar convertirse en avestruces (aquellos que permanecen en la cómoda ignorancia de su auténtica situación económica) o en suricatos (los que comprueban el rendimiento de sus acciones con demasiada frecuencia). Se necesita fuerza de voluntad tanto para sentarse y elaborar un plan de gestión financiera, cuando se podría estar haciendo algo más entretenido, como para ceñirse a él a lo largo del tiempo. A un nivel más básico, en ausencia de otras motivaciones intrínsecas y esenciales, se necesita fuerza de voluntad para, sencillamente, ponerse a trabajar y ganar un salario.

¿Cómo podemos mejorar nuestra fuerza de voluntad? Algunos investigadores sostienen que esta es como un músculo: se fatiga con facilidad a corto plazo, pero puede desarrollarse con la práctica a largo plazo. Otros, como la psicóloga Carol Dweck y sus colaboradores, han descubierto que la fuerza de voluntad se fortalece o se agota según *la idea* que tengamos de ella. Cuando a los participantes en una investigación se les dijo que ejercitar la fuerza de voluntad desarrolla las capacidades, no se obtuvieron peores resultados en las pruebas de autocontrol. Pero cuando se les indicó que si se emplea la fuerza de voluntad nos quedamos agotados, obtuvieron un peor rendimiento.

Si bien algunos de los nombres más grandes de la psicología han estudiado la fuerza de voluntad durante más de medio siglo, parece que todavía hay muchas preguntas que no tienen respuesta. Una vida con demasiada fuerza de voluntad probablemente sea una lata, pero una vida con muy poca puede dejarnos vendidos y en una posición en la que preferiríamos no estar. Al desarrollar el autocontrol, este se convierte en una herramienta que podemos elegir usar, o no, a un nivel que nos resulte adecuado.

Entrenar la fuerza de voluntad

nos brinda una herramienta

que mejora nuestra economía.

LA FUERZA DE VOLUNTAD PARA APROVECHAR EL DINERO

Una manera de trabajar con la fuerza de voluntad de una manera efectiva consiste en crear, donde sea posible, un ambiente con menos tentaciones para, así, no tener que recurrir a ella. Hay veces en las que podemos modificar nuestro entorno, como, por ejemplo, restringiendo el acceso a una cuenta de ahorros o programando una transferencia automática de nuestra cuenta después del día de pago.

Pero, por supuesto, habrá momentos en los que nos enfrentemos a un entorno nuevo o incontrolable. En esos casos, existen ciertas estrategias de las que podemos valernos.

Use el detonante

Las estrategias «si-entonces», o «if-then», pueden ser útiles para anticipar una situación tentadora y, de forma preventiva, saber cómo salir de ella. Las estrategias «si-entonces», a veces llamadas «intenciones de implementación», se valen de los detonantes de la tentación y proporcionan vías de actuación alternativas. Son declaraciones con las que establecemos cómo ceñirnos a nuestro objetivo en una situación tentadora dada. Por ejemplo: «Si veo en una tienda rebajas del 20 %, entonces me recordaré a mí mismo que no necesito ropa nueva, y seguiré andando (o cerraré el navegador)».

Vinculación de la tentación

A menudo, hace falta la fuerza de voluntad en los casos en los que los beneficios tardan en acumularse. Una recompensa futura resulta menos cautivadora que una inmediata. Así que una estrategia es la del adelanto de las recompensas. Intente disfrutar de su placer favorito solo cuando, por ejemplo, haga una transferencia para pagar su tarjeta de crédito o para ahorrar. Esta vinculación de la tentación hace que establezca un nexo entre lo que nos parece difícil y una tentadora recompensa inmediata.

Ver para creer

Felicítese por fortalecer su fuerza de voluntad cada vez que la emplee. Si, como hemos dicho antes, nuestra reserva de fuerza de voluntad aumenta o disminuye en función de si creemos que aumentará o disminuirá, pensar que crece es, sin lugar a dudas, una estrategia ganadora.

Muestre gratitud

Según el profesor de psicología David DeSteno, para fomentar la fuerza de voluntad, deberíamos practicar la gratitud y la compasión. «[cuando] experimentamos estas emociones, el autocontrol deja de suponer una batalla, porque lo que hacen no es aplastar nuestros deseos de placer en el momento, sino aumentar cuánto valoramos el futuro», asevera DeSteno.

Lo frío y lo caliente

El gurú de la fuerza de voluntad Walter Mischel explica que una manera de desarrollar el autocontrol consiste en «enfriar el ahora; calentar el después», lo cual inyecta una cierta distancia psicológica entre nosotros y la tentación inmediata a la vez que hace que la recompensa futura resulte más atractiva. Para «enfriar el ahora», puede sernos de ayuda todo aquello que nos lleve a ver la recompensa inmediata de una forma más abstracta. Para «calentar el después», tener una vívida imagen mental del objetivo hace que el futuro nos parezca psicológicamente más cercano.

Beneficios futuros

Beneficios actuales

GASTAR PARA SER MÁS FELICES

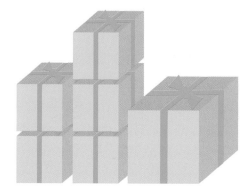

A lo largo de estas páginas hemos hecho mucho hincapié en la cuestión de que el dinero no puede garantizar la felicidad. En cualquier caso, sí que nos ofrece innumerables posibilidades. Aunque pueda parecer que todos sabemos cómo gastarlo, ¿sabemos cómo hacerlo bien? Las investigaciones apuntan a que, al menos, podemos usar nuestro dinero para ayudar a aumentar la felicidad. En este sentido, lo relevante no es cuánto gastemos, sino cómo lo hagamos.

Gaste en otros en lugar de en sí mismo

¿Se ha encontrado dinero en el suelo? Tal vez le haga más feliz gastarlo en otros que en sí mismo. Elizabeth Dunn, psicóloga de la University British Columbia, y sus colaboradores dieron a los participantes de un estudio 5 o 20 dólares y a una mitad les dijeron que se lo gastaran en sí mismos y a la otra que se lo gastaran en los demás. Cuando al final del día se les preguntó por su felicidad, lo que importaba más que la cantidad de dinero era si lo habían gastado en los demás o en sí mismos, y el grupo más feliz fue el primero.

Al parecer, también es relevante a quién se lo damos. Según Lara Aknin y otros, gastar el dinero en nuestros amigos íntimos y familiares nos aporta más felicidad que gastarlo en conocidos. Conocer el impacto positivo que hemos ejercido también estimula nuestro bienestar. Así que cuando alguien le haga un regalo, hágale saber el efecto positivo que tenga en usted.

Gaste en experiencias en lugar de en objetos

Los psicólogos Leaf Van Boven y Tom Gilovich
le pidieron a los participantes de un estudio
que rememoraran una compra material y otra
experiencial y, después, les preguntaron cuál les
había reportado más felicidad. El 57 % respondió
que fue la experiencia, mientras que solo el 34 %
se decantó por la compra material. Tal vez se
deba a que nos adaptamos más lentamente
a las experiencias que a los objetos, acaso porque
las anticipamos (las ansiamos) y las revisitamos
mentalmente (las recordamos) más. Lo que esto
quiere decir en esencia es que las experiencias nos
proporcionan una mayor dosis de hedonismo.

**Cuando al final del día se les preguntó
por su felicidad, lo que importaba más
que la cantidad de dinero era si lo habían
gastado en los demás.**

Muchas cosas pequeñas en lugar de una grande

¿Qué prefiere, un masaje largo o dos cortos?
En una investigación destinada a comprobar si la
interrupción de una experiencia mejora o disminuye
su disfrute, ofrecieron un masaje de 3 minutos
a algunas personas y dos masajes más cortos que
sumaban un total de 2 minutos y 40 segundos
a las demás. Se mire como se mire, la primera
oferta parece objetivamente superior, y, de hecho,
la mayoría de los participantes creía que un masaje
largo sería mejor. Pero cuando los experimentaron
de verdad, los participantes calificaron mejor
los dos masajes cortos y estuvieron dispuestos
a pagar más por un cojín de masaje.

En este caso, resulta útil el concepto del
rendimiento marginal decreciente. Esencialmente,
cuanto más tenemos de algo, más pequeña
es la adición incremental a nuestra felicidad.
Así, una experiencia que dure el doble de tiempo
no tiene por qué proporcionarnos el doble
de placer.

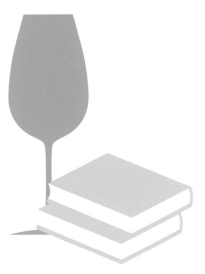

LA MAYOR FELICIDAD POSIBLE POR NUESTRO DINERO

Cuando conocemos mejor nuestro funcionamiento psicológico interno, podemos elegir gastar de la manera que mejor nos convenga. Ya que, por ejemplo, sabemos que tendemos a adaptarnos más lentamente a muchas compras pequeñas que a una compra grande, con solo espaciar algunos de nuestros placeres periódicos para que no nos parezcan una rutina, ya podremos cambiar la situación. He aquí algunos consejos.

Gaste en función de su personalidad

Si bien los anteriores consejos muestran aumentos del bienestar medio en un grupo, otras investigaciones apuntan a que, para sacarle el máximo provecho al gasto, debemos hacerlo en función de nuestra personalidad. Sandra Matz y otros reclutaron a participantes que se autoclasificaron muy arriba o muy abajo en uno de los cinco grandes rasgos de la personalidad: la extroversión. Los investigadores les ofrecieron un vale al azar para un sitio muy extrovertido (un pub) o muy introvertido (una librería) y les pidieron que informaran de sus niveles de felicidad al recibir el vale, cuando lo hicieran efectivo y 30 minutos después. Los extrovertidos fueron algo más felices en todos los casos. Los introvertidos informaron de haber experimentado una mayor felicidad al usar el vale del libro, pero, y aquí está la clave, hicieron notar que fueron menos felices cuando les tocó el vale del pub. Esto demuestra que cuando el gasto no se corresponde con estos tipos de personalidad bastante estables, puede no darse ningún estímulo a la felicidad, y, en algunos casos, el gasto que no se corresponde con la personalidad puede incluso resultar perjudicial.

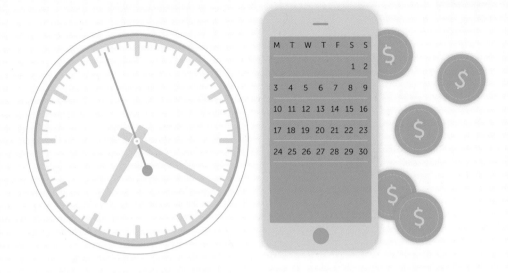

Cómprese tiempo

Si es víctima de la pobreza de tiempo, una buena forma de usar el dinero es la compra de tiempo. Para ello, puede pagarle a alguien para que le ayude con las tareas del hogar, para que cocine, le haga la compra o cualquier otra actividad que parezca consumirle tiempo y espacio mental.

En un estudio, a un grupo de adultos que trabajaban se les dio 40 dólares canadienses en dos fines de semanas consecutivos. A los participantes se les asignó aleatoriamente que emplearan el dinero en algo que les ahorrara tiempo o en algo material. En el segundo fin de semana, se les indicó que hicieran lo contrario que hubieran hecho el primer fin de semana. Cada fin de semana, los participantes calificaron sus niveles generales de felicidad y sus niveles de estrés con relación al tiempo. Los participantes informaron de una mayor felicidad (mejor humor, menos mal humor y una disminución del estrés relacionado con el tiempo) en el fin de semana en el que ahorraron tiempo, y eso con independencia de que este fuera el primer o el segundo fin de semana.

Prepague: compre ahora y consuma después.

Es el mantra contrario al de las tarjetas de crédito. Comprar con antelación y consumir después mitiga el dolor por pagar descrito en la lección 6. Como ya hemos pagado, podemos disfrutar de la experiencia del consumo sin preocuparnos de cómo o cuándo podremos adquirir el artículo. Además, el prepago nos permite ansiar el acontecimiento. Esta anticipación es una ventaja añadida al consumo en sí; igualmente, la anticipación parece tener un mayor impacto que la mera reflexión sobre algo, aunque ambas actitudes pueden aportarnos alegría.

El prepago nos permite disfrutar de la experiencia del consumo sin preocupaciones.

HERRAMIENTAS

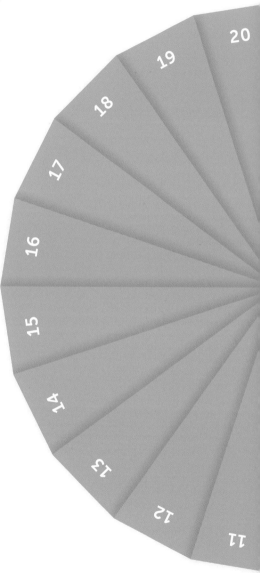

17

A lo seres humanos se nos da bien adaptarnos,
y es más fácil ajustarnos a un cambio ascendente
en nuestra situación económica que a uno
descendente. Esto puede resultar problemático
cuando enfocamos la vida con actitud de «pagaré
mi deuda/empezaré a ahorrar para un depósito/
ahorraré dinero para la jubilación una vez que
cobre más», porque, en cuanto nos pagan más,
empezamos a acostumbrarnos a una mejor
posición y queremos mantenerla. Esto nos
lleva a experimentar una presión constante
para esforzarnos más para mantener un nivel
dado de felicidad.

18

Fijarse objetivos puede resultar útil al abordar
metas económicas. Sin embargo, tenga cuidado:
hay métodos de fijación de objetivos superiores
a otros, y, además, pueden darse consecuencias
no deseadas. Fijarnos un objetivo económico
concreto de una dificultad moderada es un buen
punto de partida. Debe ser lo suficientemente
difícil como para que merezca la pena esforzarse,
pero no tanto como para que nos parezca
inalcanzable.

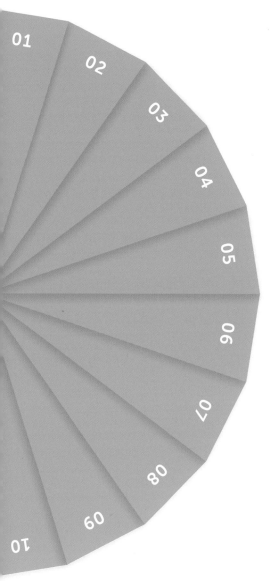

19

La fuerza de voluntad es una capacidad útil. Según una teoría, el hecho de pensar que esta se agota o se fortalece con el uso influye en lo que esta realmente haga. Al enfrentarnos a una tentación, podemos servirnos de estrategias como las de tipo «si-entonces» o del distanciamiento psicológico del deseo inmediato a la vez que se acercan las recompensas futuras. Como alternativa, puede modificar su entorno para evitar cualquier tipo de tentación.

20

¿Cómo podemos hacer para que el dinero nos reporte la mayor felicidad posible? Según las investigaciones, gastar el dinero en experiencias (en lugar de en objetos) y en los demás (no solo en uno mismo) nos aporta un mayor bienestar. Sustituya las compras grandes e infrecuentes por otras más pequeñas para, así, mitigar la adaptación. Si es víctima de la pobreza de tiempo, «comprar tiempo» puede estimular su felicidad. Otras ideas son la de prepagar y la de gastar en función de nuestra personalidad, ya que así disfrutamos más.

PARA APRENDER MÁS

LECTURAS

«If money doesn't make you happy, then you probably aren't spending it right»
E. W. Dunn, D. T. Gilbert y T. D. Wilson,
Journal of Consumer Psychology, 21(2),
págs. 115-125 (2011)

Cómo preocuparse menos por el dinero
John Armstrong (Ediciones B, 2012)

The Marshmallow Test: Understanding self-control and how to master it
Waler Mischel (Bantam Press, 2014)

RECURSOS

stickK
Visite stickK.com si tiene en mente
un compromiso al que necesite ceñirse.

Action for Happiness
Conozca más sobre el movimiento y únase
a él, sobre todo si la adaptación hedónica
le está desanimando.
actionforhappiness.org

EXPERIMENTOS

Dese un capricho
Seleccione un fin de semana para darse
un capricho y ponga en práctica todos
los consejos de la lección 20.

EPÍLOGO

Nuestra relación con el dinero —la forma en la que nos comportamos y las decisiones que adoptamos— es crucial para nuestro bienestar económico. En estas complejas relaciones entran en juego muchos factores, sobre todo nuestra propia psicología, el comportamiento de los demás, la situación en la que nos encontremos y nuestros marcos culturales e institucionales.

El poder de las relaciones sociales, por ejemplo, es tan fuerte que el tipo de automóvil que haya elegido un amigo —tanto si es un Ferrari como un Ford Fiesta— influye en nuestras decisiones económicas aunque no nos demos cuenta. Las políticas del país en el que vivamos determinarán los niveles de los salarios, el coste de la vida y la forma de nuestra jubilación. Los valores culturales y nuestras experiencias previas influyen en la manera en que nos relacionamos con el dinero y en nuestras prioridades económicas.

Aunque merece la pena desarrollar la capacidad de controlar nuestra situación económica, nuestra voluntad personal no es ninguna varita mágica. Hay aspectos que no podemos modificar. A veces, incluso con las mejores intenciones y mucho esfuerzo, las cosas salen mal. Por lo tanto, si bien todos debemos esforzarnos para lograr el bienestar económico, hemos de buscar el equilibrio entre el reconocimiento de las limitaciones que imponen la suerte y el contexto, la apreciación del esfuerzo que realizamos y las decisiones que tomamos para mejorar nuestra posición.

Debemos honrar el equilibrio inherente al concepto de bienestar económico. Aunque podamos hacer planes sobre cómo usar el dinero cuando estamos tranquilos y tenemos la mente fría, en realidad lo usamos —lo gastamos— en el calor del momento. Pese a que los estados fríos controlados y los estados calientes impulsivos no siempre

Si bien todos debemos esforzarnos para lograr el bienestar económico, hemos de buscar el equilibrio entre el reconocimiento de las limitaciones que imponen la suerte y el contexto, la apreciación del esfuerzo que realizamos y las decisiones que tomamos para mejorar nuestra posición.

son uniformes, podemos honrarlos a los dos, por ejemplo, comprometiéndonos con nuestros objetivos de ahorro a la vez que nos damos la oportunidad espontánea de visitar a un amigo sin sentirnos culpables.

Llevarse bien con el dinero no es estar atrapados en el consumo insostenible y en la frivolidad ni resignarse al minimalismo y a la austeridad. Desempeñar buenas prácticas monetarias implica hacer planes y seguirlos hasta el punto en que nos sean útiles y tener la suficiente holgura económica como para hacer frente, e incluso disfrutar, de los imprevistos que puedan surgirnos.

Comprender algunos de los extraños, preocupantes y maravillosos comportamientos que tenemos con el dinero, como hemos visto a lo largo de estas páginas, puede ayudarnos en el viaje hacia el bienestar económico y a tener una buena relación con el dinero.

BIBLIOGRAFÍA

INTRODUCCIÓN Y CAPÍTULO 1
Referencias y lecturas recomendadas

Brickman, P., Coates, D. y Janoff-Bulman, R., «Lottery winners and accident victims: Is happiness relative?», *Journal of Personality and Social Psychology*, 36(8), 917 (1978)

Confer, J. C., Easton, J. A., Fleischman, D. S., Goetz, C. D., Lewis, D. M., Perilloux, C. y Buss, D. M., «Evolutionary psychology: Controversies, questions, prospects, and limitations», *American Psychologist*, 65(2), 110 (2010)

Frey, B. S. y Oberholzer-Gee, F., «The cost of price incentives: An empirical analysis of motivation crowding-out», *The American Economic Review*, 87(4), págs. 746-755 (1997)

Gilbert, D. y Wilson, T. «Miswanting: Some problems in the forecasting of future affective states» en *Thinking and feeling: The role of affect in social cognition*, edición de Joseph P. Forgas, págs. 178-197, Cambridge University Press (2000)

Gneezy, U. y Rustichini, A., «A fine is a price», *The Journal of Legal Studies*, 29(1), págs. 1-17 (2000a)

Gneezy, U. y Rustichini, A., «Pay enough or don't pay at all», *The Quarterly Journal of Economics*, 115(3), págs. 791-810 (2000b)

Gneezy, U. y List, J. A., «Putting behavioral economics to work: Testing for gift exchange in labor markets using field experiments», *Econometrica*, 74(5), págs. 1365-1384 (2006)

Griskevicius, V., Ackerman, J. M., Cantú, S. M., Delton, A. W., Robertson, T. E., Simpson, J. A., Thompson, M.E. y Tybur, J. M., «When the economy falters, do people spend or save? Responses to resource scarcity depend on childhood environments», *Psychological Science*, 24(2), págs. 197-205 (2013)

Griskevicius, V., Redden, J. P. y Ackerman, J. M., «The Fundamental Motives for Why We Buy», *The Interdisciplinary Science of Consumption*, 33 (2014)

Helliwell, J., Layard, R. y Sachs, J., *World Happiness Report 2017* (2017):
www.worldhappiness.report

ING International Survey, «Savings 2017» (2017):
www.ezonomics.com/ing_international_surveys/
savings-2017/

Kenrick, D. T. y Griskevicius, V., *The Rational Animal: How evolution made us smarter than we think*, Basic Books (2013)

Furnham A., Wilson E. y Telford K., «The meaning of money: The validation of a short money-types measure», *Personality and Individual Differences*, 52(6), págs. 707-711 (2012)

Mead, N. L., et al. «Social exclusion causes people to spend and consume strategically in the service of affiliation», *Journal of Consumer Research* 37(5), págs. 902-919 (2010). Referenciado en Kenrick & Griskevicius (2013).

Rick, S. I., Cryder, C. E. y Loewenstein, G., «Tightwads and spendthrifts», *Journal of Consumer Research*, 34(6), págs. 767-782 (2008)

Rick, S. I., Small, D. A. y Finkel, E. J., «Fatal (fiscal) attraction: Spendthrifts and tightwads in marriage», *Journal of Marketing Research*, 48(2), págs. 228-237 (2011)

Rick, S. I., «Capítulo 8: Tightwads, Spendthrifts, and the Pain of Paying: New Insights and Open Questions», in *The Interdisciplinary Science of Consumption*, edición de Preston, S. D, Kringelbach, M. L., Knutson, B., págs. 147-159, MIT Press (2014)

Sandel, M. J., *What Money Can't Buy: the moral limits of markets*, Macmillan (2012)

Spencer, N., «Hands up if you're an emotional shopper» (2013): www.ezonomics.com/stories/
hands_up_if_youre_an_emotional_shopper/

Von Stumm, S., O'Creevy, M. F. y Furnham, A., «Financial capability, money attitudes and socioeconomic status: Risks for experiencing adverse financial events», *Personality and Individual Differences*, 54(3), págs. 344-349 (2013)

Wilson, T. D., Wheatley, T., Meyers, J. M., Gilbert, D. T. y Axsom, D., «Focalism: A source of durability bias in affective forecasting», *Journal of personality and social psychology*, 78(5), pág. 821 (2000)

Wilson, T. D. y Gilbert D. T., «Affective forecasting: Knowing what to want», *Current Directions in Psychological Science*, 14(3), págs. 131-134 (2005)

CAPÍTULO 2
Referencias y lecturas recomendadas

Ariely, D., «The Pain of Paying: The Psychology of Money» (2013): www.youtube.com/watch?v=PCujWv7Mc8o

Ariely, D., *Predictably Irrational*, caps. 1 y 2, Harper Collins (2008)

Ariely, D., Loewenstein, G. y Prelec, D. «"Coherent arbitrariness": Stable demand curves without stable preferences», *The Quarterly Journal of Economics*, 118(1), págs. 73-106 (2003)

Brykman S., «Resistance is useful! UI/UX case study: the indelicate art of friction» (2016): www.propelics.com/ui-friction/

Caldwell, L., *The Psychology of Price*, Crimson Publishing (2012)

Di Muro, F. y Noseworthy, T. J., «Money isn't everything, but it helps if it doesn't look used: How the physical appearance of money influences spending», *Journal of Consumer Research*, 39(6), págs. 1330-1342 (2012)

Duhigg, C., *The Power of Habit: Why we do what we do and how to change*, Random House (2013)

eZonomics, «Why frictionless banking isn't right for everyone» (2017): www.ezonomics.com/blogs/why-frictionless-banking-isnt-right-for-everyone/

Gherzi, S., Egan, D., Stewart, N., Haisley, E. y Ayton, P., «The meerkat effect: Personality and market returns affect investors' portfolio monitoring behavior», *Journal of Economic Behavior & Organization*, 107, págs. 512-526 (2014)

Henley J., «Sweden leads the race to become cashless society» (2016): www.theguardian.com/business/2016/jun/04/sweden-cashless-society-cards-phone-apps-leading-europe

ING International Survey, «Savings 2017» (2017): www.ezonomics.com/ing_international_surveys/savings-2017/

ING International Survey, «Mobile Banking 2017 – Cashless Society» (2017): www.ezonomics.com/ing_international_surveys/mobile-banking-2017-cashless-society/

Kahneman D., *Thinking Fast and Slow*, Allen Lane (2011)

Karlsson, N., Loewenstein, G. y Seppi, D., «The ostrich effect: Selective attention to information», *Journal of Risk and Uncertainty*, 38(2), págs. 95-115 (2009)

Knutson, B., Rick, S., Wimmer, G. E., Prelec, D. y Loewenstein, G., «Neural predictors of purchases», *Neuron*, 53(1), págs. 147-156. (2007)

Milkman, K. L., Minson, J. A. y Volpp, K. G., «Holding the Hunger Games hostage at the gym: An evaluation of temptation bundling», *Management Science*, 60(2), págs. 283-299 (2013)

Money Advice Service, «Money lives» (2014): www.moneyadviceservice.org.uk/en/corporate/money-lives

Murray, N., Holkar, M. y Mackenzie, P., «In Control» (2016): www.moneyandmentalhealth.org/shopping-addiction

Olafsson, A. y Pagel, M., «The ostrich in us: Selective attention to financial accounts, income, spending, and liquidity», *National Bureau of Economic Research Working Papers*, 23945, (2017)

Reynolds, E., «Could adding friction to spending improve people's mental health?» (2017): www.theguardian.com/technology/2017/feb/04/tech-banking-mental-health-anxiety-bipolar-disorder

RSA, «Student Design Award Winners» (2017): www.thersa.org/discover/publications-and-articles/rsa-blogs/2017/06/designing-our-futures-announcing-the-2017-rsa-student-design-award-winners

RSA, «Student Design Award Winners» (2016): www.thersa.org/action-and-research/rsa-projects/design/student-design-awards/winners/winners-2016-2

Ruberton, P. M., Gladstone, J. y Lyubomirsky, S. «How your bank balance buys happiness: The importance of "cash on hand" to life satisfaction», *Emotion*, 16(5), pág. 575 (2016)

Shiv, B., Carmon, Z. y Ariely, D., «Placebo effects of marketing actions: Consumers may get what they pay for», *Journal of Marketing Research*, 42(4), págs. 383-393 (2005)

Sicherman, N., Loewenstein, G., Seppi, D. J. y Utkus, S. P., «Financial attention», *The Review of Financial Studies*, 29(4), págs. 863-897 (2015)
Soman, D., «Effects of payment mechanism on spending behavior: The role of rehearsal and immediacy of payments», *Journal of Consumer Research*, 27(4), págs. 460-474 (2001)

CAPÍTULO 3
Referencias y lecturas recomendadas

Amar, M., Ariely, D., Ayal, S., Cryder, C. E. y Rick, S. I., «Winning the battle but losing the war: The psychology of debt management», *Journal of Marketing Research*, 48(SPL), págs. S38-S50 (2011)
Berman, J. Z., Tran, A. T., Lynch Jr, J. G. y Zauberman, G., «Expense Neglect in Forecasting Personal Finances», *Journal of Marketing Research*, 53(4), págs. 535-550 (2016)
Davidai, S. y Gilovich, T., «The headwinds/tailwinds asymmetry: An availability bias in assessments of barriers and blessings», *Journal of Personality and Social Psychology*, 111(6), pág. 835 (2016)
Frank, R., *Success and Luck: the myth of meritocracy*, Princeton University Press (2016)
Gathergood, J. y Weber, J., «Self-control, financial literacy & the co-holding puzzle», *Journal of Economic Behavior & Organization*, 107, págs. 455-469 (2014)
Gathergood, J., Mahoney, N., Stewart, N. y Weber, J. «How Do Individuals Repay Their Debt? The Balance-Matching Heuristic», *National Bureau of Economic Research Working Papers*, 24161 (2017)
Hammond, C., *Mind Over Money: The psychology of money and how to use it better*, Canongate Books (2016)
Huo, Y. Investigación citada en Frank (2016).
Kahneman D., *Thinking Fast and Slow*, Allen Lane (2011)
Lewis, M., «Obama's Way» (2012): www.vanityfair.com/news/2012/10/michael-lewis-profile-barack-obama

Loewenstein, G., Bryce, C., Hagmann, D. y Rajpal, S., «Warning: You are about to be nudged», *Behavioral Science & Policy*, 1(1), págs. 35-42 (2015)
Mani, A., Mullainathan, S., Shafir, E. y Zhao, J., «Poverty impedes cognitive function», *Science*, 341(6149), págs. 976-980 (2013)
McHugh, S. y Ranyard, R., «Consumers' credit card repayment decisions: The role of higher anchors and future repayment concern», *Journal of Economic Psychology*, 52, págs. 102-114 (2016)
Mischel, W., *The Marshmallow Test: understanding self-control and how to master it*, Random House (2014)
Mullainathan, S. y Shafir, E., *Scarcity: Why having too little means so much*, Macmillan (2013)
Puri, M. y Robinson, D. T., «Optimism and economic choice», *Journal of Financial Economics*, 86(1), págs. 71-99 (2007)
Sharot, T., «The optimism bias», *Current Biology*, 21(23), págs. R941-R945 (2011)
Shephard, D. D., Contreras, J. M., Meuris, J., te Kaat, A., Bailey, S., Custers, A. y Spencer, N., «Beyond Financial Literacy» (2017): think.ing.com/uploads/reports/Beyond-financial-literacy_The-psychological-dimensions-of-financial-capability_Summary-paper.pdf
Stewart, N., «The cost of anchoring on credit-card minimum repayments», *Psychological Science*, 20(1), págs. 39-41 (2009)
Sussman, A. B. y Alter, A. L. «The exception is the rule: Underestimating and overspending on exceptional expenses», *Journal of Consumer Research*, 39(4), págs. 800-814 (2012)
Telyukova, I. A., «Household need for liquidity and the credit card debt puzzle», *Review of Economic Studies*, 80(3), págs. 1148-1177 (2013)
Twigger R., *Micromastery*, Penguin (2017)
Vohs, K. D., «The poor's poor mental power», *Science*, 341(6149), págs. 969-970 (2013)
Waitley, D., «Denis Waitley Quotes»: www.brainyquote.com/quotes/denis_waitley_165018

CAPÍTULO 4
Referencias y lecturas recomendadas

Ariely, D. y Kreisler J., *Dollars and Sense*, 228, HarperCollins (2017)

Andersen, T., Annear, S. y Sweeney, E., «Lottery introduces woman who won $758.7m Powerball jackpot» (2017): www.bostonglobe.com/metro/2017/08/24/powerball-jackpot-won-single-massachusetts-ticket/pg9AyyG7Cl6bubZ3AlOS6I/story.html

Brickman, P., Coates, D. y Janoff-Bulman, R., «Lottery winners and accident victims: Is happiness relative?», *Journal of Personality and Social Psychology*, 36(8), pág. 917 (1978)

Bryan, C. J., y Hershfield, H. E., «You owe it to yourself: Boosting retirement saving with a responsibility-based appeal», *Decision*, 1(S), 2 (2013)

Chiaramonte, P., «Worker skips office mega pool, loses share of $319M» (2011): nypost.com/2011/03/30/worker-skips-office-mega-pool-loses-share-of-319m/

Choi, J. J., Laibson, D., Madrian, B. C. y Metrick, A., «Defined contribution pensions: Plan rules, participant choices, and the path of least resistance», *Tax Policy and the Economy*, 16, págs. 67-113 (2002)

FDIC, «Understanding Deposit Insurance»: www.fdic.gov/deposit/deposits/

FSCS, «Banks/building societies»: www.fscs.org.uk/what-we-cover/products/banks-building-societies/

Hagen, S., «The marshmallow test revisited» (2012): rochester.edu/news/show.php?id=4622

Hershfield, H. E., Goldstein, D. G., Sharpe, W. F., Fox, J., Yeykelis, L., Carstensen, L. L. y Bailenson, J. N., «Increasing saving behavior through age-progressed renderings of the future self», *Journal of Marketing Research*, 48(SPL), págs. S23-S37 (2011)

Ivey, P., «Eyes on the prize» (2017): www.homesandproperty.co.uk/property-news/woman-wins-845k-raffle-house-having-bought-just-40worth-of-2-tickets-a112936.html

Kahneman, D., Knetsch, J. L. y Thaler, R. H., «Anomalies: The endowment effect, loss aversion, and status quo bias», *Journal of Economic Perspectives*, 5(1), págs. 193-206 (1991)

Kahneman D. y Tversky A., «Prospect theory: An analysis of decision under risk», *Handbook of the fundamentals of financial decision making: Part I.*, págs. 99-127 (2013)

Kidd, C., Palmeri, H. y Aslin, R. N., «Rational snacking: Young children's decision-making on the marshmallow task is moderated by beliefs about environmental reliability», *Cognition*, 126(1), págs. 109-114 (2013)

Lusardi, A. y Mitchell, O. S., «Financial literacy and planning: Implications for retirement wellbeing», *National Bureau of Economic Research Working Papers*, 17078 (2011)

Lyons Cole, L., «People who bought a Powerball lottery ticket prove a basic truth about money» (2017): uk.businessinsider.com/powerball-ticket-how-you-view-money-2017-8?r=US&IR=T

Mischel, W., *The Marshmallow Test: understanding self-control and how to master it*, Random House (2014)

Moffitt, T. E., Arseneault, L., Belsky, D., Dickson, N., Hancox, R. J., Harrington, H. et al., «A gradient of childhood self-control predicts health, wealth, and public safety», *Proceedings of the National Academy of Sciences*, 108(7), págs. 2693-2698 (2011)

MoneySmart, «Banking»: www.moneysmart.gov.au/managing-your-money/banking

Ocbazghi, E. y Silverstein, S., «We tested an economic theory» (2017): uk.businessinsider.com/powerball-tickets-winning-numbers-regret-avoidance-behavioral-economics-2017-8

Spencer N., «When is the right time to eat stale doughnuts?» (2013): www.thersa.org/discover/publications-and-articles/rsa-blogs/2013/01/when-is-the-right-time-to-eat-stale-doughnuts

Thaler, R. H. y Benartzi, S., «Save more tomorrow™: Using behavioral economics to increase employee saving», *Journal of Political Economy*, 112(S1), págs. S164-S187 (2004)

Trope, Y. y Liberman, N., «Construal-level theory of psychological distance», *Psychological Review*, 117(2), pág. 440 (2010)

Van Gelder, J-L., Hershfield, H. E. y Nordgren, L. F., «Vividness of the future self predicts delinquency», *Psychological Science*, 24(6), págs. 974-980 (2013)

Weber, E. U., Johnson, E. J., Milch, K. F., Chang, H., Brodscholl, J. C. y Goldstein, D. G., «Asymmetric discounting in intertemporal choice: A query-theory account», *Psychological Science*, 18(6), págs. 516-523 (2007)

Zeelenberg, M. y Pieters, R., «Consequences of regret aversion in real life: The case of the Dutch postcode lottery», *Organizational Behavior and Human Decision Processes*, 93(2), págs. 155-168 (2004)

CAPÍTULO 5 Y EPÍLOGO
Referencias y lecturas recomendadas

Ariely, D. y Kreisler, J., *Dollars and Sense*, capítulo 16, Harper Collins (2017)

Aknin, L. B., Dunn, E. W., Whillans, A. V., Grant, A. M. y Norton, M. I., «Making a difference matters: Impact unlocks the emotional benefits of prosocial spending», *Journal of Economic Behavior & Organization*, 88, págs. 90-95 (2013)

Aknin, L. B., Sandstrom, G. M., Dunn, E. W. y Norton, M. I., «It's the recipient that counts: Spending money on strong social ties leads to greater happiness than spending on weak social ties», *PloS One*, 6(2), pág. e17018 (2011)

DeSteno, D., «The only way to keep your resolutions» (2017): mobile.nytimes.com/2017/12/29/Zopinion/sunday/the-only-way-to-keep-your-resolutions.html

Diener, E., Lucas, R. E. y Scollon, C. N., «Beyond the hedonic treadmill: revising the adaptation t heory of well-being», *American Psychologist*, 61(4), pág. 305 (2006)

Dunn, E. W., Aknin, L. B. y Norton, M. I., «Spending money on others promotes happiness», *Science*, 319 (5870), págs. 1687-1688 (2008)

Dunn, E. W., Gilbert, D. T. y Wilson, T. D., «If money doesn't make you happy, then you probably aren't spending it right», *Journal of Consumer Psychology*, 21(2), págs.115-125, (2011)

Fishbach, A. y Dhar, R., «Goals as excuses or guides: The liberating effect of perceived goal progress on choice», *Journal of Consumer Research*, 32(3), págs. 370-377 (2005)

Fishbach, A. y Touré-Tillery, M., «Motives and Goals», en *Introduction to Psychology: The Full Noba Collection*, Diener Education Fund Publishers (2014)

Frank, R. H., *The Darwin Economy: Liberty, competition, and the common good*, Princeton University Press (2011)

Frederick, S. y Loewenstein, G., «Hedonic Adaptation», en Kahneman D., Diener, E. y Schwarz, N., *Well-being: Foundations of Hedonic Psychology*, Russell Sage Foundation (1999)

Goleman, D., *Focus: The hidden driver of excellence*, capítulo 8, Bloomsbury (2013)

Gollwitzer, P. M. y Sheeran, P., «Implementation intentions and goal achievement: A meta-analysis of effects and processes», *Advances in Experimental Social Psychology*, 38, págs. 69-119 (2006)

Heath, C., Larrick, R. P. y Wu, G., «Goals as reference points», *Cognitive Psychology*, 38(1), págs. 79-109 (1999)

Job, V., Dweck, C. S. y Walton, G. M., «Ego depletion – Is it all in your head? Implicit theories about willpower affect self-regulation», *Psychological Science*, 21(11), págs. 1686-1693 (2010)

Kuhn, P., Kooreman, P., Soetevent, A., y Kapteyn, A., «The Effects of Lottery Prizes on Winners and Their Neighbors: Evidence from the Dutch Postcode Lottery». *American Economic Review*, 101 (5): págs. 2226-2247 (2011)

Locke, E. A. y Latham, G. P., «Building a practically useful theory of goal setting and task motivation: A 35-year odyssey», *American Psychologist*, 57(9), pág. 705 (2002)

Matz, S. C., Gladstone, J. J. y Stillwell, D., «Money buys happiness when spending fits our personality», *Psychological Science*, 27(5), págs. 715-725 (2016)

Milkman, K. L., Minson, J. A. y Volpp, K. G., «Holding the Hunger Games Hostage at the Gym: An evaluation of temptation bundling», *Management Science*, 60(2), págs. 283-299 (2013)

Mischel, W., *The Marshmallow Test: understanding self-control and how to master it*, Random House (2014)

Moffitt, T. E., Arseneault, L., Belsky, D., Dickson, N., Hancox, R. J., Harrington, H., *et al.*, «A gradient of childhood self-control predicts health, wealth, and public safety», *Proceedings of the National Academy of Sciences*, 108(7), págs. 2693-2698 (2011)

Nelson, L. D. y Meyvis, T., «Interrupted Consumption: Disrupting adaptation to hedonic experiences», *Journal of Marketing Research*, 45(6), págs. 654-664 (2008)

Soman, D., y Cheema, A., «When goals are counterproductive: The effects of violation of a behavioral goal on subsequent performance», *Journal of Consumer Research*, 31(1), págs. 52-62 (2004)

Soman, D. y Zhao, M., «The Fewer, the Better: Number of Goals and Savings Behavior», *Advances in Consumer Research*; 39, págs. 45-46 (2011)

Tu, Y. y Hsee, C. K., «Consumer happiness derived from inherent preferences versus learned preferences», *Current Opinion in Psychology*, 10, págs. 83-88 (2016)

Whillans, A. V., Dunn, E. W., Smeets, P., Bekkers, R. y Norton, M. I., «Buying time promotes happiness», *Proceedings of the National Academy of Sciences*, 114 (32), págs. 8523-8527 (2017)

Woolley, K. y Fishbach, A., «Immediate rewards predict adherence to long-term goals», *Personality and Social Psychology Bulletin*, 43(2), págs. 151-162 (2017))

CONSTRUIR +
LLEGAR A SER

DISEÑADO PARA HACER PENSAR

Comprender el comportamiento de las personas ayuda a mejorar nuestras capacidades comunicativas y a juzgar mejor la motivación de los demás.

La creciente velocidad de la comunicación hace que sea más importante que nunca entender los sutiles comportamientos que subyacen a las interacciones diarias. Rita Carter analiza los signos que revelan los sentimientos e intenciones de las personas y explica cómo influyen en las relaciones, en las multitudes e incluso en el comportamiento de la sociedad. Aprenda a usar las herramientas de influencia de los líderes y reconozca los patrones fundamentales de comportamiento que dan forma a nuestro modo de actuar y comunicarnos.

Rita Carter es una galardonada escritora médica y científica, conferenciante y moderadora de programas en televisión que está especializada en el cerebro humano: en lo que hace, cómo lo hace y por qué. Es autora de *Mind Mapping* y ha organizado una serie de conferencias científicas de carácter público. Vive en el Reino Unido.

COMPRENDA EL
COMPORTAMIENTO.
COMUNÍQUESE CON DESTREZA.

La filosofía es una de las mejores herramientas de las que disponemos para hacer frente a los desafíos del mundo contemporáneo.

Desde las filosóficas «habilidades interpersonales» hasta las preguntas éticas y morales sobre nuestras elecciones en cuanto al estilo de vida, la filosofía nos enseña a formularnos las preguntas adecuadas, aun cuando no tiene por qué contener todas las respuestas. Este libro, que cuenta con ejemplos extraídos de los grandes filósofos de la historia y de los pensadores actuales más pioneros, le enseñará a pensar de un modo profundo y distinto.

Adam Ferner ha trabajado en el ámbito filosófico académico tanto en Francia como en el Reino Unido, pero lo que más le gusta es la filosofía extraacadémica. Además de sus investigaciones académicas, escribe regularmente para *The Philosophers' Magazine*, trabaja en el Royal Institute of Philosophy y ejerce la docencia en escuelas y centros juveniles de Londres.

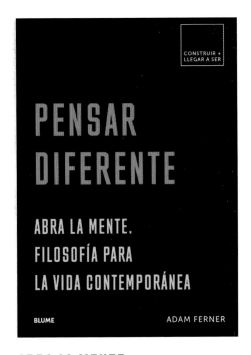

ABRA LA MENTE.
FILOSOFÍA PARA
LA VIDA CONTEMPORÁNEA

Vivimos más que nunca y, gracias a la tecnología, podemos alcanzar muchas más metas. ¿Por qué sentimos que tenemos poco tiempo? Valiéndose de los más recientes descubrimientos científicos y psicológicos, Catherine Blyth nos explica por qué el tiempo huye de nosotros y nos brinda las herramientas para recuperarlo.

Descubra por qué el reloj se acelera justo cuando queremos que vaya despacio, cómo manipular el tiempo y por qué todos erramos en su uso y su cálculo. Es posible vencer a los ladrones de tiempo. Restablezca su reloj corporal, reforme su rutina, aproveche el ímpetu y desacelere. Además de disfrutar más del tiempo, le permitirá usarlo de una forma más productiva.

Catherine Blyth es escritora, redactora y directora de programas de radio. Sus libros, entre ellos *The Art of Conversation* y *On Time*, se han publicado en todo el mundo. Escribe en publicaciones tales como *The Daily Telegraph*, *The Daily Mail* y *The Observer*, y ha presentado *Why Does Happiness Write White?* en Radio 4. Vive en Oxford (Reino Unido).

DEJE LAS PRISAS. SEA MÁS PRODUCTIVO.

Nathalie Spencer expone los fundamentos científicos que explican nuestra idea, uso y gestión del dinero para permitirnos relacionarnos de un modo más sabio y grato con nuestras finanzas.

Desde el análisis de cómo las transacciones sin dinero en efectivo influyen en nuestros gastos y el desciframiento de los principios de por qué nos atraen las ofertas hasta la exposición de lo que significa en realidad ser un pronosticador eficaz, este libro revela cómo motivarnos para tener una mejor relación con el dinero y nos brinda herramientas esenciales con las que impulsar nuestro bienestar financiero.

Nathalie Spencer es científica conductual del Commonwealth Bank of Australia. Explora la toma de decisiones financieras y el uso de los conocimientos de la ciencia conductual para aumentar el bienestar económico. Antes de trabajar en el CBA, Nathalie lo hizo en el ING de Londres, ciudad en la que escribió regularmente para *eZonomics*, y en la Royal Society for the encouragement of Arts, Manufactures and Commerce, donde fue coautora de, entre otros títulos, *Wired for Imprudence: Behavioural Hurdles to Financial Capability*. Tiene una licenciatura en Comercio por la McGill University y una maestría en Economía Conductual de la Maastricht University. Nacida y criada en Boston, Estados Unidos, Nathalie ha pasado breves temporadas en Canadá, Alemania y los Países Bajos, y ha vivido en el Reino Unido durante más de tres años antes de mudarse a Australia, donde vive actualmente.

AHORRO E INVERSIÓN.
IMPULSE SU
BIENESTAR FINANCIERO.

Michael Atavar nos invita a abrir la mente, cambiar de perspectiva y dar rienda suelta a la creatividad. Cualquiera que sea su pasión, oficio u objetivo, este libro le guiará con destreza por el que camino que va desde la concepción de una idea brillante hasta su materialización, pasando por las delicadas etapas de desarrollo.

Aunque solemos tratar la creatividad como si fuera algo que no va con nosotros, de hecho, es algo de una increíble sencillez: la creatividad no es otra cosa que el núcleo de nuestro ser.

Michael Atavar es artista y autor de varios libros, entre ellos, cuatro dedicados a la creatividad: *How to Be an Artist*, *12 Rules of Creativity*, *Everyone Is Creative* y *How to Have Creative Ideas in 24 Steps: Better Magic*. También diseñó con Miles Hanson la baraja de cartas creativas «210CARDS». Da clases particulares, dirige talleres e imparte charlas sobre el impacto de la creatividad en individuos y organizaciones. www.creativepractice.com

INSPÍRESE.
LIBERE SU ORIGINALIDAD.

Gerald Lynch explica los desarrollos tecnológicos más importantes del mundo contemporáneo y examina su impacto en la sociedad y el modo en que en última instancia podemos servirnos de la tecnología para alcanzar todo nuestro potencial.

Desde los sistemas de transporte sin conductor que llegan a nuestras carreteras hasta los nanorrobots y la inteligencia artificial que lleva las capacidades humanas a sus límites, este libro presenta los conceptos tecnológicos más emocionantes e importantes de nuestra era, que le ayudarán a comprender mejor el mundo de hoy, mañana y las décadas venideras.

Gerald Lynch es periodista tecnológico y científico y en la actualidad ejerce de redactor sénior de la web TechRadar, dedicada a la tecnología. Anteriormente fue redactor de las webs Gizmodo UK y Tech Digest, y también ha participado en publicaciones tales como *Kotaku* y *Lifehacker*. Además, colabora con frecuencia como experto en tecnología para la BBC. Gerald formó parte del jurado del James Dyson Award. Vive en Londres.

PÓNGASE AL DÍA.
ACTUALICE SU FUTURO.